# 疏离的眷恋

人民东方出版传媒
东方出版社

# 目录 Contents

## 最后一片云彩

## 移动的城堡

## 疏离的眷恋

# 启程

在两个月之前，我自己也想不到，会到几千里外的英国去待上一年。

根据学校的规定，教授任教七年之后有一年的休假。不过，我在研究所刚教了一门新的课程，想连教两年，把课程的内容教熟了一些再休假。可是，人算有时而穷。如果我延休一年，明年会排到系里一长串同事的后面，可能反而休不成。所以，在六月中旬，我决定按原定的时间休假。

既然是休假，当然是自由活动；留在国内休养身心也行，到国外四处游走也成。我稍作考虑，就向英国的几所大学提出申请，希望能以访问学者的身份待上一年。

想到英国去，有几个主要的原因。一方面，过去读研究所是在美国，所以对美国社会稍有了解；如果有机会换个环境，等于是在思维上有了另外一个参考坐标，可以多比较琢磨。另一方面，最近研究的主题之一是诺贝尔奖得主科斯的方法论。我曾在论文里指出，科斯采取的分析方法很特别，而且可能和他当初在伦敦政经学院（LSE）所受的教育有关。可是，外国的一位经济学者提出不同的见解。如果能在英国就近搜集数据，也许可以解决这个经济思想史上有兴味的问题。还有，内人的专长是戏剧，在学校里教莎士比亚的剧作；可是，却从来没有去过英国，实在有点可惜。

一旦打定主意，我们就马上动手申请。还好，过程顺利；牛津大学的圣安尼学院（St Antony's College），很快就通过我的申请，而内人也得到伦敦国王学院（King's College London）的邀请函。内人、我、加上十岁的儿子，就开始打点行李；我们希望在八月底之前抵达牛津，找好住处，再安排小朋友就读的学校，准备九月初开学。

接下来的签证，订机票，买行李箱等等，虽然繁琐，也都陆续就绪。亲朋好友们知道我们将远行，少不了呼朋引伴吃喝玩乐，热闹一阵，当然不在话下。我在一个月里喝下的啤酒和威士忌，大概比过去一年里加在一起的还多。

不过，在这一连串的慌乱之中，却也发生了两件有趣的事……

一件，是和邮局有关。大约七八年前，我到学校附近的邮局去寄包裹，柜台小姐称重之后，说超重要补邮资。我看指针刚好停在基本邮资的重量上，就问她，她的回答使我终生难忘：等你贴了邮票，就超重了！我当时的处置，是借了剪刀剪去牛皮纸袋的一角；事后，我把这个经历写成一篇文章，也寄给邮政单位。据我了解，后来邮局从善如流：如果邮件重量在某个误差范围之内，就不算超重。

因为能随身带走的东西有限，所以我在邮局买了几个大纸箱，把一些衣物和用品以海运寄走。有一次抱了一个纸箱，到附近的邮局托运。虽然我先用量体重的磅秤量过，刚好十公斤，可是，邮局柜台的小姐一称，是十公斤三十公克，就以十五公斤的重量计费。

我要小姐问主管，三十公克之差是十公斤的千分之三，是不是没有超过误差范围？小姐问了之后的答复是，二十公克之内不算超重；一旦超过，就适用下一个级距的重量和邮资。

我觉得有些好笑，超重十公斤，就要付五公斤的邮资。我把封纸箱的宽胶带撕下几段，果然重量降到二十公克之内，无须再付额外的邮资！我告诉年轻的柜台小姐先前的掌故，她不置可否地笑笑。

另外一件事，是和"白吃的午餐"有关。大概也是七八年前，我在餐厅认识的一位朋友自己开了一家牛排馆，而且送给老顾客们每人一张贵宾卡。每半年，贵宾们都会收到一张免费餐券，可以到店里享受一客免费的牛排。可是，人之常情，去的时候总会花钱为自己和朋友叫一些其他的餐点，而且，还会义务帮老板到处宣传。所以，虽然送出去的是免费餐券，可是老板却未必会赔钱。并且，如果效果不恶，说不定其他的餐馆会见贤思齐，群起效尤。

当时，朋友的餐馆似乎很成功，一口气开了六七家连锁店。我也把免费餐券的故事写成文章，以小喻大，探讨社会变迁的过程：偶尔出现的新意，会不会成为推动社会往前进展的种籽，由局部而逐渐及于全面？

没想到，有一次饯行是在一家久未曾去的西餐厅，和侍者聊天时，问那位老板近况如何。侍者的表情似乎有些先见之明的味道，声音里也有一丝嘲弄：野心太大，发展太快，入不敷出，不堪赔累，为了躲债，跑路去也！

我觉得颇为惊愕：种籽不但没有成长茁壮扩散，反而消失无踪。当然，老板的成败取决于许多因素，免费餐券未必是其中最主要的。在走前短短几天之内，碰上这两件事，固然看似无关，其实也有相通之处，而且和我在英国想探索的问题有关……

在钻研经济史数十寒暑之后，诺贝尔奖得主诺斯（D. North）指出：长期来看，决定一个社会繁荣与否的关键因素，是有没有好的"制度"。制度，当然可以是外在的典章规则，但是也可以是人脑海里的思维模式。一个社会有了好的制度，消极的可以维持社会正常的运作，但是积极的是可以提供好的环境，使社会有往前进展的条件。

对一个社会而言，邮局称重和免费餐券，都是锱铢般的琐事。可是，社会整体，事实上也就是由千千万万个个别看来微不足道的琐事所组成的。在处理邮件的重量上，现在的做法（制度）已经有一些弹性；也许，将来的弹性会更大，也更合情合理一些。另外，虽然朋友的企业精神并没有由局部而扩及全面，不过毕竟也曾经发光发热过。也许，下一个企业家再推出类似的做法时，会在更丰饶的土壤里生根茁壮。

是哪些因素，促成或影响了社会的变与不变、繁荣或衰败？又是在哪些蛛丝马迹上，可以捕捉出这些因素？带着这些困惑和好奇，我踏上了前往英伦的旅程……

# 轨道

经过将近二十个小时的直飞，班机在下午六点半左右到达伦敦郊区的机场。朋友安排了一辆旅行车，两个大人、一个小孩、三件大行李加上两部手提电脑，我们一行就往车程一小时外的牛津出发。

司机着正式的西装，谈吐非常文雅。车上有卫星导航系统，输入旅馆地址之后，小银幕上自动出现相关的路线，沿路还有语音提醒方向。

订好的旅馆在安东尼学院附近，是英国典型的床铺加早餐（B&B，bed and breakfast）。房间里只有一洗手台，浴厕都是公用；双人床和单人床各一，一个晚上六十五英镑（大约一百二十美金）。我们订了三个晚上，希望能尽快找到住处。而且，因为小朋友读书的关系，所以住处最好能在学校附近。

第二天是星期天，一大早古道热肠的林殿顺君就过来，开车来带我们四处看房子。他专攻地质，已在写论文的最后阶段，大概年底就可以口试。因为是周日，所以房屋中介都没开门，我们也只能根据报纸广告，四处看看。

牛津历史悠久，房屋建筑多半古老而传统，少有现代西方式的高楼大厦。过去在美国读书时，是在东北角的新英格兰小城，气息风格和牛津几乎完全一样，只是街道房舍等的规模要比牛津小一号。

星期一吃完早餐，内人和我分头进行。我到圣安东尼学院，请秘书开了一张证明，好到银行开户，才能把身上两张大额支票存进去。秘书自己也才来一个月，马上打了一封简函，请银行协助。没想到，英国银行规矩还真多。我先到离学院不远的巴克莱银行（Barclays Bank），出示秘书的信、学院给我的邀请函、护照，行员小姐进去请示之后，拿了一张银行规定给我。根据规定，开户的资料除了护照和邀请函之外，还要我在牛津当地的住址，也就是要有住处，旅馆不行。另外，还要学院提供我收入的相关数据。我觉得问我收入，有侵犯隐私的成分；不过，我们还居无定所，多言无益。

然后，再到转角的苏格兰皇家银行（Royal Bank of Scotland）一试。说明来意之后，一位大概是银行经理模样的人表示，按规定，我在台湾往来的银行要提供信用资料；不过，可以稍稍转圜。可是，银行过去和圣安东尼学院没有往来过，无法辨认秘书的签字，所以，他写下自己的姓名和电话，请秘书打电话给他，以便确认。"能不能请你现在就打电话给秘书？"经理摇摇头："不行，根据规定，只能请秘书打电话过来！"

回到旅馆，内人也有点懊恼；她打电话给几家中介公司，希望能去看房子。每一家都说好，但不是今天，而是要约明天的时间。

住处和学校都在未定之数，我们心里很焦急。还好，至少已经约定明天看三个地方。晚上，告诉旅馆经理，房子还没找好，我们打算续住三晚。

第四天星期二，一家三口搭公交车再转车，按时到市郊的一家中介公司。房子离市区和学院有一段距离，区域还算好。最大的好处，是旁边就是学校，走路只要五分钟。两层楼的独门小公寓，有简单家具，月租八百英镑（美金一千三），水电瓦斯另计。中介费除了屋主付一个月的房租外，房客以人头计，大人每人一百英镑，小孩免计。"什么时候能开始租？"小姐答以："大概要八到十个工作日！"

为什么要这么久？房间要再粉刷一次，要拟好契约；而且，还要我提供两位介绍人，包括台湾的雇主，他们会通过专业的征信公司验证。又转车看了一个房子，屋况不好，附近区域更不理想；再到第三个房子，中介的人也准时出现，但是进不了房子，因为屋主把钥匙带走，失去联络也！

中午随便找了一家快餐店，点了英国出了名的炸鱼薯条（Fish and Chips）。鱼块外面裹了面粉再油炸，没有加调味料；薯条大概有麦当劳的三倍粗，也没有调味料。想到住处和小孩的问题都没解决，东西似乎变得更难下咽！

下午根据学院布告栏里招租的小广告，打电话过去问是不是还有空。接电话的女士说明，是大房子里分租。我们略为迟疑，不过还是约好过去看看，因为房子就在附近。

房子是双并，两层砖造。前面有个小院子，有一棵苹果树，结了一些营养不良的青苹果；墙上爬了葡萄藤，也是一串串营养不良的葡萄。房子虽然老旧，可是宽敞，家具一应俱全。而且，更重要的，是地点非常好。离我的学院和市中心都近，附近又有两所小学。屋主大约四十岁，带了一位四五岁的小男孩。

交谈之后才知道，她的父亲也是经济学家，原来在牛津任教，刚过世不久。她从父母手中接过这栋房子，分租给到牛津读书实习或研究的各种人等。她自己在附近的牛津布鲁克斯大学（Oxford Brookes University）教书，专长是社会工作。大家相谈甚欢，我们决定先租下两个房间，住一阵子再说。每个房间月租三百英镑（美金五百），包括水电。虽然她说无须预付房租，我们还是先付了三百英镑，宾主尽欢。

短短几个小时里，有这么大的转折，几天来的阴霾，一扫而空。晚上，到附近一家陈设高雅的餐厅庆祝；可惜，对菜单一知半解，三个人花了三十英镑（加上一些小费，给长得像电影明星的侍者），却点来几盘不甚高明的英国菜。

回旅馆的路上，想到银行开户和从中介公司租房子的事，觉得不太能释然。我觉得，他们是以事倍功半的方式来从事经济活动；明明可以两个步骤完成的事，却要求必须经过四五个步骤。

我想到以前读经济史，看到英国在十六世纪左右，商船就已经扬帆海外；海运当然有风险，所以保险业也应运而生。最有名的保险公司，当然是伦敦的洛伊德（Lloyds）。因为业务量大，所以早就发展出标准化的保单；在制式的契约里，船主只要填上船只名称、货物重量、目的地、往返日期，就可以算出保费、完成签约。

当然，彼一时此一时，也许世殊事异、情随事迁，现在某些看来繁琐的做法，也有某种道理。不过，更重要的，应该是市场的竞争力有限，即使是不效率的做法，可能因为无关痛痒而无伤大雅。就像报纸的副刊可能编得很差，但是政治社会新闻放版很强，所以整体而言还是能独据一方。而且，因为同业之间大家都采取类似的做法，（大家星期天都上教堂做礼拜，都不开门营业！）也就可以进一步承担相当程度的不效率。除非有内在或外在的刺激，逼得大家不得不改变做法，否则，千百年来可能会一成不变，大家相安无事，甚至沾沾自喜。

　　英国，在历史上曾经是呼风唤雨的日不落国；以小见大，在世纪交替的关口上，却似乎有点踌躇和犹豫。我带着满脑子的问号，走回旅馆！

# 难分难解的难题

当车祸发生之后，有两个人被压在变形的车体里，上下相叠。如果移动上面的伤者，固然可以救活下面的人，可是却会使压在上面的人加速死亡。如果不移动上面的人，固然救不到下面的人，但是上面的伤者可以活得稍微久一点。

救或是不救？（To save or not to save？）——这就是英国媒体和社会大众议论纷纷的难题。而且，确实难分难解；因为和连体婴有关，上下相叠的伤者只是譬喻而已！

在地中海某个小岛上，住了一对青梅竹马的年轻夫妇，新婚不久，少妇怀孕，一家老小都欣喜异常。可是，三个月之后的超音波扫描却发现，胎儿异常，是一对腹腔相连的连体婴。岛上的人都是虔诚的天主教徒，坚决反对堕胎；在亲友的祝福下，产妇飞到英国，希望能有奇迹出现。可惜，胎儿落地后，确实是一对连体女婴，而且情形并不乐观。

基于对隐私权的尊重，媒体称这一对女婴为裘蒂和玛丽。哇哇落地没多久，玛丽发育不全的肺和心脏就失去作用，而完全靠裘蒂的肺和心脏。如果顺其自然，医生判断两姊妹的寿命不会超过六个月；如果动手术，大概可以救活裘蒂。不过，即使救活了裘蒂，将来也需要一连串的矫正手术；可是，玛丽一定会死——因为她自己没有正常的心肺。

基于宗教信仰的关系，两姊妹的父母反对动手术。可是，医界人士和社会团体纷纷表示意见，认为女婴的权益高于一切。必要的时候，法院该介入，强制医院动分割手术。

法院举行公听会，让医界和法界的人士公开论述，到底怎么处理比较好。当然，报纸的社论和读者投书无日无之。无论法院最后的裁决如何，都会形成习惯法上的判例，甚至很可能归纳出一个"法理"，对其他类似或相关的案例产生深远的影响。

刚开始，报纸上的评论略嫌粗糙。赞成分割的人认为：动手术，至少可以救裘蒂；玛丽因而少活几个月，只是情非得已。而且，不动手术，听任无辜的生命消逝，等于是消极的谋杀。反对动手术的人当然也振振有词：为了救裘蒂而动手术，必须把手术刀切入玛丽的身体；手术结束后玛丽丧失生命，是动刀子的直接后果。因此，这是不折不扣的谋杀；为了救裘蒂而谋杀玛丽，是为达目的不择手段。在文明古国英格兰，何至于如此野蛮？因此，只要有医生敢动手术，就会有人以谋杀罪控告医生。

渐渐地，公听会上出现一些发人深省的论点。有人指出：裘蒂和玛丽，到底是一个人两个头，还是两个人连接在一起？如果是一个人两个头，那么动手术把多出的头拿掉，就像动手术把六个脚趾变成五个脚趾一样。还有，玛丽没有自己的维生能力，等于是依附在裘蒂身上的寄生虫；因此，玛丽是伤害裘蒂生命的负担，割舍掉是理直气壮。当然，人和生命的定义也需要仔细界定，玛丽算不算是一个人类社会或法律上所承认的"人"呢？

房东知道我是经济学者，有天问我，对伦敦千禧巨蛋的财务危机有何看法；我答以对巨蛋的财务问题没兴趣，倒是对裘蒂和玛丽的纠结想了许多……就程序上来说，谁真正有权利决定要不要开刀呢？大家似乎都认为，考虑要不要动手术这个问题，是以小孩的利益为最高指导原则。当然，是一个小孩或两个小孩的利益，本身也是可以争议不休的环节。不过，由谁来决定或代表小孩的利益呢？是法官、社会大众，还是小孩的父母？裘蒂和玛丽的父母已经明确表示，连体婴是上苍的旨意；因此，不愿意动手术，而要让两姊妹的生命自然消逝。既然如此，其他人（法官和社会大众）还有置喙的余地吗？想一想，年轻的父母，愿意一辈子承担丧失两姊妹之恸；这种抉择所需承担的折磨，可能要比决定救活其中之一所受的煎熬更大。因此，为什么不尊重父母的决定？

而且，在某种意义上，父母和子女也是很难切割的"连体婴"。动手术把肉体相连的裘蒂和玛丽分开，可能会有许多人赞成；可是，以冷酷的法院命令把两姊妹从父母身边强行带走，等于是一种感情和心灵上的切割。将心比心，有多少人又愿意支持这种手术呢？因此，动手术救裘蒂，似乎并不是一刀两断般的理直气壮。

当然，在程序之外，还可以考虑实质问题。无论这次的选择如何，对一个社会而言，长久看来切割与否到底哪个比较好？抽象来看，动手术和不动手术，等于是两种游戏规则；社会所面临的抉择，其实就是有意无意地选出其中之一。

如果选的是"动手术"，父母可能可以保有一个甚至两个珍贵的生命。人的尊严再次得到肯定，社会的价值也凝结得更为坚固。可是，动手术和往后复健所耗用的可观医疗资源，却也是社会所必须承担的成本。如果选的是"不动手术"，连体婴自然死亡，省下了可观的医疗资源，可以转而用在其他的医疗用途上。当然，这时候社会大众要承担的是另外一种成本：社会可以拯救生命，但是却没有拯救生命！如果在这个事例上成立，是不是也可以推展适用在其他的方面——濒死病患无须再耗用资源，高龄的人瑞也无须特别礼遇……无论如何，追根究柢，在动手术和不动手术这两种规则之间，社会无可避免地要做一选择，然后承担这种选择所隐含的各种意义和后果。

在更高的层次上，裘蒂和玛丽的难题，反映的其实是一个社会对价值的取舍。对于某些社会而言，救人最重要；对于其他的社会而言，神的旨意更为超然；对于另外的社会，可能会把决定权交付在父母的手里……因此，不同的社会，会有不同的取舍；而且，在诸多取舍里，并没有明显的好坏对错是非善恶可言。各个社会所做的抉择，反映的是那个社会的主流价值；而所谓主流价值，指的往往就是社会上大多数人所接受、所认定和会觉得心安的价值。"大多数人"的价值，隐含的是数量的概念，而不一定是质量的概念！

当然，好奇的人可以进一步设想：如果连体婴数十年才出现一次，社会会如何取舍？如果一个社会里经常出现连体婴，又会如何取舍？一个人口少而富裕的社会和一个人口多而贫穷的社会相比，会不会做出不一样的取舍？……

# 安妮的半天

"安妮公主将到学院里来剪彩！"邀请卡上是这么写的。

两个星期前，就接到院长署名的邀请卡：10 月 6 日上午 11 时 30 分，皇室安妮公主将到圣安东尼学院，主持"方德大厦"（Founder's Building）的揭幕仪式。典礼后，将有自助式餐会。服饰：请着礼袍。信封里还附了一张黄色小纸条：

为了安全的考虑，请携带邀请卡，以便验明身份。

在英国皇家的体制里，安妮公主的地位并不特别重要。（她的兄长查理王子已经五十好几，翘首以盼王位久矣；可是，女王伊丽莎白二世兴致昂扬，并没有半点要让位传承的意思。然后，查理王子的长子威廉，是查理之后的王位继承人。）不过，公主毕竟是女王的子女，有安全上的顾虑。

因此，前两天在教员休息室里，就有人半开玩笑地提醒：仪式当天，最好不要提起格达费或 IRA（北爱尔兰共和军）之类的名词；否则，公主身旁的安全人员听到了，恐怕会有不太友善的举动。

当天上午，学院里并没有张灯结彩，也没有花篮礼台。只在学院的草坪上，放了几个长桌子，准备摆鸡尾酒。学院周遭的道路，倒是都放了"暂时禁止停车"的告示。10点左右，草坪上各个角落里，就有三五不等的人聚在一起聊天。

男士们，不论年龄，多半是在西装外，加上一个代表学院传统的短黑袍；而年高德劭和慎重一点的，是在头上戴了黑色的礼帽，而手里则是雨伞一支。女士们，都穿了比平常正式许多的套装。

公主预定11点30分到，12点仪式开始。时间愈近，到草坪上的人愈多；空气里，似乎有一丝不寻常的喜气。12点10分，公主和院长步入草坪。公主身着枣红色的上装（类似男士的西装）和浅色格子的苏格兰裙，身材极瘦；发型有点像一个大香菇，庄严有余，美丽不足。他们在大厦的正前方站定，旁边是捐赠建筑经费的主要赞助者——一对满头白发的长者。周围，就是大约两百位观礼者；没有观礼台，没有座椅，没有麦克风，连司仪都没有。

院长直接开始致辞，感谢所有相关的人，也特别向前来揭幕的安妮公主致谢。我看了一下手表，不长不短，刚好七分钟；然后，（我很惊讶，）院长并没有请安妮公主致辞。大厦的墙上有一块铜牌，公主和那对长者一起揭起盖在铜牌上的绒布。礼成，大家鼓掌。

在旁边的草坪上，已经准备好红酒和白酒；我和刚认识的访问学者闲聊，并没有注意公主的行踪。二十分钟左右之后，大家慢慢移往餐厅。长条桌上放了一些简单的餐点，味道不甚了了。所有的人或坐或站，边吃边聊。这时候，我倒特别观察了安妮公主的举止。

在餐厅的一角，学院里的行政人员排成一列。由院长陪同，公主逐一和行政人员寒暄。不只是虚应故事的握手而已，而确实是寒暄；每位或长或短，至少谈个两三分钟。公主身后跟着一位年轻高大、英俊出众的年轻人。（我以为是公主的儿子，问旁边的老英才知道——英俊小生是安妮公主第二任丈夫，小她五岁也！）

下午1点50分，公主将离开，院长请大家鼓掌欢送。草坪旁停了两辆车，前面是吉普式的旅行车，后面是大轿车。学院里的门房们排成一列，由门房领班介绍，公主又一一握手寒暄。握手时，有一位中年女士向公主屈膝行礼；我身边的老英出声表示意见："她真不需要那么做！"登车时，公主上的是第一部车，而且竟然是坐在驾驶旁的前座！

公主走后，众人也陆续散去。回家的路上，我忍不住试着从鲜活的回忆里，萃取出一点意义。

英国皇室，当然有非常特别的地位。在一般人的心目里，皇室成员好像有好几种身份：是国家（名义上）的领导阶层、是受礼遇礼赞的特殊阶级，但是也似乎是抚慰民众心灵的神职人员。

在短短两个小时不到的时间里，我这个旁观者所能感受到的，自然非常有限。不过，由公主两度和行政人员以及门房握手寒暄中，也可以感受到在皇室礼仪（或职责）里，有非常平民化的一面。相形之下，在东方社会里，"大官"出巡时，多半是和行政体系的上层握手寒暄，而不会特别眷顾基层人员。

除了这一点浮面印象之外，我倒联想到比较有"学术成分"的问题：废掉皇室好不好？

这当然是个老掉牙的问题，每次皇室成员出状况（离婚、外遇、彼此不和）和经济不景气时，这个问题就会出现在报章杂志和叩应节目上。赞成和反对的人，也总是可以举出许多言之成理的理由支持自己的立场。可是，如果把问题稍微转化一下，也许可以添加一点新意：如果把皇室定义为"生活奢侈、不事生业、可有可无"的一群人，那么废了皇室之后，是不是社会上从此就不会有这么一群人了呢？

在美国，没有皇家，可是肯尼迪家庭一向被称为美国的皇室家族；即使不谈肯尼迪家族，洛克菲勒、梅隆、赫斯特等石油钢铁报业家族的后代，也都符合"生活奢侈、不事生业、可有可无"的条件。

因此，在一个稳定、繁荣、历史够久的社会里，几乎都会有少数的一些人，由经济活动（或政治活动，或政治和经济两者结合）里，累积出可观的、远超出一般人的财富。而在财富的堆砌和支持下，这些人和他们的后代自然享有特殊的社会地位。他们（以及他们的后代）和皇室的不同，可能只是程度上的差别而已！试想迈克尔·杰克逊、乔丹、老虎伍兹、比尔·盖茨等，在世界各地所受到的礼遇，难道会少于英国的皇室成员吗？

也许，"皇家"只是某种现象的总称或代名词；探讨那种现象的由来以及支持那种现象的条件，或许是更有趣的课题吧！

# 有理走遍天下？

　　在英国《泰晤士报》(*The Times*) 和美国《时代周刊》(*Time*) 上，曾经几乎同时刊出两件令人同情的真人真事。两件事，分别发生在中国和英国，都和司法体系有关，也都令读者觉得不可思议。

　　其中之一，是多年前，发生在光天化日下的凶杀案：一个安宁的小镇里，有一位十七岁、智力略微不足的年轻人，在镇上的墓场工作。有一天午饭后，走回墓场时，他发现一位女士躺在血泊中，头部受到重击。

　　他赶忙向警方报案，但是女子却在送医急救两天后不治死亡。警方怀疑，年轻人就是凶手，所以严加侦讯。年轻人不堪长时间疲劳轰炸，最后在自白书上签字。因为他不会读、不会写，所以自白书是由警察用铅笔代他记下的。

　　年轻人告诉父母：他以为签了字就可以回家，而且那个女人醒来之后，自然会证明不是他干的。可惜，那个女人一直没有苏醒过来，而年轻人却以性攻击和凶杀罪受审。经过三天的审判，竟然被判有罪，要服刑十七年，而后再看表现决定能不能假释。

年轻人的父母四处奔走营救，却始终徒劳无功。在这一段时间内，年轻人被转送到不同的监狱里服刑；因为智力稍弱，所以到处受欺侮，他曾经被强暴，也曾经被人用滚烫的热水从头上浇下。根据法律规定，只有承认过错、有悔意的犯人，才可以假释。可是，他始终坚持，不是自己干的。所以，十七年刑期满后，他一直得不到假释，转眼又过了十年。

多年来，在小镇里却点点滴滴的，逐渐编织出事实的真相：受害的女子年轻漂亮，本身是有夫之妇；但是，同时也暗地里和好几位地方上有头有脸的男士往来。当天，她就是和其中一位到墓场幽会，发生激烈争执之后，被重殴倒地。恰巧，当时有另外一对男女也在不远处约会，所以听到看到事情的经过。可是，因为也是婚外偷情，所以也不能（不愿）挺身而出。不过，小镇上人少，了解彼此的情形；居民大概都知道，年轻人是被冤枉的。

二十七年后，另外那位幽会的女子投书报纸，表示她现在愿意出庭做证。也许，被冤枉的人，终有获得平反的一天。刊物里有一张照片，是一个戴着墨镜的中年人，脸上露出天真和带点稚气的微笑。

另外一件，是和家庭暴力有关。多年前，一个十七岁、年轻漂亮的女孩结婚没多久，就发现先生是不事生产、游手好闲的混混；而且，少妇操持家务愈能干，愈得不到丈夫的欢心。丈夫还经常对少妇拳打脚踢，小村庄里人尽皆知，但是大家都息事宁人。少妇多次想离婚，丈夫就是不肯。

终于，少妇离家出走，到离家数百里的地方改名换姓，希望能有新生。谁知道，丈夫辗转查出少妇去处，死求活求，只要少妇答应回去，丈夫愿意签字离婚。没想到，回到村庄之后，少妇就被软禁。丈夫软硬兼施，一直无效；有一天晚上，丈夫和另外几个人到屋里来，二话不说，就对少妇当头浇上硫酸。少妇的惨叫声，在宁静的夜里特别凄厉。事后，即使经过多次手术，少妇早已面目全非；不但左眼的睫毛被烧去、右耳完全不见，而且头、脸、身上都留下永远的烙痕。

事发之后，虽然丈夫终被司法体系处分，但是，因为参与者都是地方上有势力的人，所以丈夫之外的其他人却都逍遥法外。这些年来，少妇不但投诉无门，还不断受到恐吓；甚至，连自己的家人都被骚扰。刊物的封面上，就是少妇被毁容而满面愁容的脸。

两件都是真人真事，也都令人同情无比。如果说一个国家，地广人众，行政层级繁冗，有司法疏漏当然可以理解。可是，在英国这个老牌民主法治国家里，发生如此严重的过失，可就令人思之不解了。

两件事都是司法体系出问题，可是哪件事是发生在英国的？稍微沉吟一下，也许会得到自己都觉得意外的结论：两件事都可能发生在英国，也都可能发生在别的国家。不公平不合理的事，没有国界之分，可能在任何角落里避开阳光的照耀！

然而，在法治较为完善的国家（如英国）和法治建设初期的国家之间，却有一点重要的差别。对于司法体系的运作，如果想象成是一个常态分布，中间是司法正常运作的情形，两端是极好或极坏的情形。那么，两个地区里常态分布的宽度，可能是一样的，有同样极好的情形，也有同样极其恶劣的特例。

但是，对于英国这种法治上轨道的国家而言，常态分配的中央占了绝大部分的比重；相反的，对法治还正在发展的国家或地区而言，常态分布的中段，可能不如英国。因此，虽然分布的宽度相同，但是在分布的形态上却有差异。

更重要的，是生活在两个地区的人们，本身对司法体系的信心大不相同。在法治上轨道的国家（如英国），虽然也有极端的案例，可是绝大多数人相信司法；既然相信司法，反映在自己的行为上，就是对法治的服从和尊重。相形之下，在很多法治还不完善的地区，由自己的亲身经验和所见所闻，大部分人知道法治运作的局限。一旦自己和司法体系发生接触，当然也就动用一切关系和资源，来影响法治的运作。

因此，虽然法治进步如英国者，也有见不得人的阴暗角落；但是，一叶确实不足以知秋，大多数人由司法体系得到信心，也进而支持司法体系。良性循环之下，负荷得了偶尔出现的偏差。在中国，要走上良性循环的轨道，可能还需要时间。

年轻人和少妇的际遇，哪一件发生在英国，哪一件又发生在中国呢？年轻人的故事，刊在英国《泰晤士报》2000年10月7日的周末杂志里；少妇的故事，发生在中国山西省，刊在2000年10月9日出版的《时代周刊》上。

后记

2001年2月11日的周日《泰晤士报》里，有一篇由唐·海尔（D. Hale）撰写的文稿，报道史蒂芬·唐宁（S. Downing）已经假释出狱的消息。

七年前，唐宁的父母找上海尔，说是接到匿名电话，告诉海尔他们得到有力的证据，可以证明唐宁的清白。虽然海尔一头雾水，不过却对唐宁的案情发生兴趣。

当他开始调查时，警方拒绝合作，还表示将控告他毁谤；他接到警告电话，有人要对他不利。前后三次，莫名的汽车冲向他，要置他于死地。奇怪的是，当他去接触唐宁的邻居时，他们都非常热情；还有人直接告诉他：感谢上帝，经过这么多年，终于有人来帮那个孩子的忙了。在海尔的奔走之下，法院终于重开档案，检讨唐宁的案子；在三个月之后，将会宣布最后的决定。

得到假释后，唐宁回到阔别二十七年的家里，他的房间还是当年的模样：年幼时玩的积木还在架子上，做到一半的模型飞机也还留在地板上。在电话里，他兴奋得像个孩子，不断地告诉海尔：太棒了！太棒了！当海尔到他家来看他时，他紧紧抱住海尔，满眼含泪，一再重复："谢谢，谢谢，谢谢……"

# 神的旨意？

在媒体上喧腾一时的连体婴官司，终于告一段落。英国上诉法院最近裁定，虽然连体婴的父母反对，不过圣玛丽医院可以进行分割手术。

一旦进行手术，裘蒂不一定能活，但是玛丽一定会死——因为玛丽没有她自己的心脏和肺，一切要靠裘蒂。在判决书里，主审法官提到：人当然都有生存的权利，所以玛丽也有；但是，她却没有继续活着的权利，因为她会让裘蒂耗竭而死。

高院的裁决，符合一般人的期望；所以，连体婴的消息，也就逐渐从媒体上消失。不过，那对年轻的父母却始终坚持，基于宗教信仰，他们希望不要动手术，而让连体婴自然死亡。当然，连体婴的命运，应该由法院决定还是由父母决定，显然是一个可以仔细论对的问题。然而，年轻夫妇对宗教教义的虔诚信仰，却让我联想起，最近在纽约书评上介绍的一本书。书名直译是《上帝之子——基督科学教会里的生与死》，主要内容，则是环绕着这个教会的教义以及创始者玛丽·贝克（Mary Baker）女士。

贝克女士出生于 1821 年，在美国东北角的新英格兰地区。她先后结过三次婚，第三任丈夫姓艾迪，所以她就成为玛丽·贝克·艾迪女士。

在四十岁左右时，因为长期背痛，她写信给附近缅因州的一位治疗师，治疗师没有受过教育，靠类似催眠的方式帮助病患。没想到，艾迪女士长年的背痛，竟然在一个星期之内完全消失无踪。她觉得受到启迪，就以治疗师手法为主，加上一些自己的体会，在 1875 年出版了基督科学教会的圣经——《科学和健康》。

这本书古怪难懂，教徒们前后出版了四百三十二次的修订版，希望能澄清艾迪女士的原意。在她所创设的教会里，《科学和健康》这本书和《圣经》同样重要。每次教会有聚会时，教徒们就会诵读《圣经》和《科学和健康》这本书里的相关段落。

艾迪女士自己的病，不是靠医药，而是靠类似催眠的祈祷而治愈；因此，教会的中心理念，就是排斥一切药物、医生和医院。一旦教徒生病，全靠祷告。一方面自己祈祷，另一方面会有教会认可的人出面，召集其他信徒一起助祷。他们相信，祷告加上艾迪女士的教诲，可以治好所有的病。

虽然在教会的刊物——《基督教科学箴言报》和周刊、月刊——里，不断有神妙无比的见证；然而，祷告误事的情形也所在多有，迈可的例子就是其中之一。

1979 年 9 月 9 日，十二岁的迈可告诉妈妈，自己肚子痛。因为全家都是基督科学教会的教徒，所以请来教会的神职人员帮忙祷告。可是，接连几天，迈可的病情并没有好转，甚至开始呕吐。四天之后的晚上，小男孩自己起床，洗脸刷牙，然后爬回床上，他告诉妈妈，他觉得好多了。然后，他就此一睡而长眠不起。

迈可的妈妈继续祈祷，希望（也相信）她的儿子会从床上坐起来！后来验尸解剖，发现死因是盲肠断裂。如果早点送医，迈可不会早逝。类似的例子，还有许多。

在1995年，艾迪女士被选入美国女士名人堂；可是，《上帝之子》这本书的作者，却对艾迪和基督科学教会毁多于誉。作者认为，在艾迪女士的年代（十九世纪末到二十世纪初），医药既不普遍又不发达。因此，艾迪女士所倡导的精神治疗法——以共同祈祷来治病，可能确有某些可取之处。可是，二十世纪中叶以后，医药和科技都有长足的进展；精神疗法的功效、说服力和空间也就愈来愈小。或许，基督科学教会的影响力日渐萎缩，这是个主要的原因。

回到二十一世纪初连体婴的事件上，基督科学教会的故事，显然含有深刻的启示。连体婴的父母敬笃天主教的教义，相信神的旨意是让连体婴自然死亡。可是，教义的背景，是千百年前科技既不发达、资源又非常有限的环境。不但没有分割连体婴的技术，也没有多余的人力物力来照顾他们。因此，在这种主客观条件之下，几乎是自然而然的，教义上会认定，无须采取积极的作为。

可是，当医药和科技已经有足够的条件，社会上也有相当的资源可以配合，这时候，宗教信仰的说辞，似乎就没有太大的说服力。也许，教会经过内部的反省和论对，可以做出新的阐释：又符合神旨，又不违反现代科技及社会经济的条件。不过，由这种曲折里，也透露出一些令人深思的启示。一方面，这反映了宗教教义的相对性——教义的内涵，其实是相对于当时的社会条件；另一方面，这也指引了对宗教教义追求的方向——值得探索更亘久不变的核心价值或理念！

想一想，如果玛丽和裘蒂活在艾迪女士的年代，父母又是基督科学教会的信徒；那么，她们的生命大概会在祷告声中结束。现在，她们（其中之一）至少有活下去的可能性……

# 基因革命进行式?

诺贝尔奖得主们，并不全是道貌岸然、满脑子学问的老学究——至少，遗传学家卡里·穆利斯（Kary Mullis）不是！

穆氏头脑显然非常灵活，希望把自己的专业知识变成钞票，因此成立了一家名为"明星基因"的公司；在精心设计下，推出一系列的流行饰品，包括项链、手镯、别针、耳环等等。这些流行饰品的卖点所在，是都含有摇滚乐明星或体坛巨星的DNA！

也就是，诺贝尔奖得主利用基因科技，把偶像们的基因结构放在各种大小的饰品里。因此，年青人胸前挂的，不再只是飞人乔丹的小照片，而是含有乔丹DNA结构的项链或珠锤。

当然，这可能只算是基因科技上的花絮；对社会上绝大多数的人而言，基因科技还只是报纸媒体上偶尔出现的专有名词，并无关痛痒。可是，事实上，基因科技带来了人类经验里前所未有的一些发展。也许，正在悄悄地引发一场革命，将永远改变人类的命运。不过，为什么基因科技有这么重大的影响呢？

以基因信息为例，根据生化学者的研究，人类DNA有几点有趣也很重要的特色。首先，在地球上几十亿人口之间，每个人的 DNA 都是独一无二的（除了极其罕见的同卵双胞胎或多胞胎之外）；因此，每个人的 DNA，就有了和人格自尊有关的象征性意义。可是，一个人的 DNA 是不是他的财产呢？

其次，一旦解读了一个人的 DNA，就可以在某个范围里或某种程度上预测，这个人生理健康上的展望如何。对于潜在的雇主或保险公司而言，这种信息无疑的非常重要，有商业上的价值——可不可以根据 DNA 的信息，而拒绝承保？

再次，一个人基因结构的信息，不仅对他自己很重要，对于自己的血亲（特别是兄弟姊妹），也有相当的参考价值。因此，因为基因这种生物上的关联，一个人对其他人的福祉，也就有了某种程度的责任。可是，到底有多少的责任呢？在结婚和生育前，可不可以要求对象和对象的手足提供基因信息，作为参考判断的依据？

最后，基因信息很容易读取。由一个人的唾液、毛发、头皮屑，都可以萃取出完整的 DNA 信息，而且，当事人可能完全不知情。既然对医疗、医药、保险、健康器材等行业而言，DNA 的信息有潜在的商业价值，谁拥有研究和运用 DNA 信息的权利？科学家研究和发表一个人的 DNA 时，需不需要取得他的同意？

对于一般人来说，大概很难具体感受到基因信息带来的刺激、挑战和困扰。不过，也许由约翰·摩尔（John Moore）的例子里，可以稍稍体会到其中的曲折。

摩尔是美国人，患有某种细胞的白血病。1976 年，他在加州大学洛杉矶分校的医院里，动手术切除了脾脏。可是没想到，医生从他的血液里分解出一些化学物质，然后申请专利。接着，再以三百万美金的价格，把专利卖给波士顿的一家公司。而后，瑞士的一个制药厂，又以一千五百万美金，买下发展"摩氏"药物的权利。

对于这些发展，摩尔毫不知情。但是，他觉得很奇怪，为什么医院一直要他定期回去，接受抽血、抽脊髓液等手续。终于，在 1984 年，他发现了真相——自己已经变成了一项专利，有一个七位数字的专利权号码！

摩尔提起诉讼，认为自己并没有同意、更没有授权加州大学，以自己的生理组织申请专利。这个官司一直打到美国最高法院，最后的裁决是摩尔输赢各半。最高法院判定，任何医疗机构，必须先知会病人，并且取得病人的同意，然后，才能够利用病人的生理组织，从事实验和研究。

但是，最高法院也作出关键性的取舍：对于由自己身上取出的生理组织，摩尔并没有"所有权"。法院认为，如果病人对这些生理组织有财产权，会阻碍科技的进展。因为，很多不知情的研究人员，在运用细胞等生理组织时，并不能判断原始的当事人是谁、有没有同意等等。如果病人拥有权利，一旦对研究单位提起诉讼，可能会使得前后一连串的研究都要停摆。

不过，虽然当事人对于身外的生理组织没有财产权，当初的同意权还是有商业价值。因此，"摩氏"事件之后，基因和细胞等所衍生的交易，依然层出不穷。

对于司法体系来说，要处理所衍生的问题，当然是困难无比。因为，除了具有经济活动那种自愿性交易的特质之外，某些交易是不是违反社会大众的公序良俗，并不容易判定。试想，如果明星基因公司的产品，不只是含有明星们的 DNA 的结构图，而是含有 DNA 细胞的胶囊——乔丹活力绽、麦当娜魅力丸——乔丹和麦当娜未必会反对，但是法院该持什么立场呢？

如果一个人可以接受捐血和器官移植，是不是也可以吃一两颗无伤大雅的明星胶囊呢？

# 新生事物和假设性思考

可以有"多莉羊"，可不可以有"多莉宝宝"呢？

也许，这种问法不对，正确的问法是，一旦多莉宝宝诞生之后，怎么办？曾经，《泰晤士报》的第五版，就以醒目的标题，报道了多莉宝宝即将问世的消息。

故事是这样的：有一对美国夫妇的女婴过世，夫妇伤心之余，决定设法复制和爱女完全一样的一个女儿。他们拿出三十万美金，委托一个生化公司进行这件事。据这个公司的负责人表示，他们会从女婴保存下的细胞上，先萃取出细胞核，然后，再取得其他女性捐赠的卵子。经过适当的程序，细胞核注入卵子里，再植入代理孕母的子宫发育。只要过程顺利，产下的女娃将和逝去的女婴有完全一样的基因。

虽然在美国并没有法律禁止复制人，不过联邦政府正密切注意这件事的发展。生化公司也有意低调行事，不愿意透露实验室所在。据了解，公司的实验室是设在人烟稀少的内华达州。而且，据估计可能在第二年年底左右，多莉宝宝就会诞生。

生化科技带来的，当然不只是多莉羊和多莉宝宝而已；对于这些新生事物，在伦理道德上固然可以论对错是非终日，可是，在法律上要如何因应呢？

当面对眼前的新生事物时，等于是站在目前这个时点上，来认知眼前事物的意义。可是，如果把时间拉长，站在五十年或一百年之后的时点上，再回头看同样的事物时，可能就会有不一样的认知。因此，由不同的"参考坐标"出发，可能就会对同样的事物有更广泛、多面向的认知。在判断和取舍上，往往也就有较大的空间和弹性。

此外，利用一些假设性的情况作为参考坐标，也可以发挥同样的功能。譬如，如果人类社会发展的过程，不是由农业而后工业，而是一开始就进入科技信息社会。在科技信息社会里，需要的是细心、精确、灵活等特性；体型和体力，可能不是重点。因此，在这种社会里，女性的地位可能会高于男性。由此可见，男女地位的差别，是特殊历史条件下的产物，而不是必然的。

由一些假设性的问题，可以突显这种分析和思索方式的趣味和价值，而且，借着这些假设性的问题，也可以衬托出生化科技在时空上的意义：

假设问题一：如果有一位侏儒坚持，要从自己的基因中筛选，舍去"正常"的基因，而有意地选择某些基因，使自己的下一代也是侏儒，在法律上，允许或是不允许？

假设问题二：如果自己的DNA结构被别人注入一头羊、一只猪或一只老鼠的DNA，一个人可不可以对自己DNA的"结构"

主张所有权？可不可以对行为者控告侵权？

假设问题三：如果科技进展之后，社会上主要有两群人，一群是生物人，另一群人是机器人。机器人也可能繁殖和进化，也可能拥有诸多权利。在这种社会里，可能的法律结构是什么？

假设问题四：如果不是上面第三种情况，而是在生物人身上植入人工或复制的器官、细胞，那么，"外来品"的比例是不是有上限？或者，心脏可以用人工心脏，肾脏可以用人工肾脏，脑部的一部分可以用"外来品"取代吗？这时候，"人"界定的方式，可能不再是考虑在母亲子宫里已经有几个星期，而是长大成人之后，生理结构上有多少可以被取代替换、而依然维持"人"的身份？脑部由人工智能取代的人，可不可生育？

这些假设性的情况，有些虽然想来不可思议，但是都提供了思考上的空间，而有助于探索、斟酌更多相关的问题。

就以第三种假设情况为例，机器人大量出现之后，显然可能有很多种演变的轨迹。其中之一，是生物人和机器人之间维持某种均衡，和平共存。另外一种，是机器人进化的速度超过生物人，然后，经过物竞天择、自然淘汰的过程，生物人逐渐消失。最后，在地球上活动的，都是一群比人类"优秀"的生物！

不过，即使如此，这个变化过程，是由许许多多微小的步骤和决策所累积而成；而且，这些小步骤和决策，都是在当时法令所允许下进行的。因此，即使能预知最后的结果，人类社会也未必有足够的条件，足以阻挡或扭转科技进展的趋势。更何况，最后的结果未必就是人类将毁灭消失。因为，也许多莉宝宝和其他新生事物带给人们最大的启示，是值得有意识地拓展思维空间。如果能先在观念上接受更多的可能性，在面对和因应上或许就可以从容和笃定一些。

最近在牛津大学举办的一场演讲里，英国前医疗卫生大臣以两张幻灯片作结束：头一张，是一位女画家，利用身旁的一面镜子，在画布上画出自己的模样。下一张，是同一位女画家，看着身旁桌上的一颗蛋，在画布上画出一只展翅待飞的鸽子。

医疗卫生大臣的用意不言而喻：只要有足够的想象力，人其实可以画出（创造出）各式各样的可能性。如果有第三张幻灯片，也许画布上是展翅翱翔的女画家……

# 未知数

我坐在伦敦希斯洛机场（Heathrow Airport）的酒吧里，等班机飞回台北开会。

桌上，是一杯坚尼士啤酒（Guiness），在英国这是最受欢迎的品牌之一；身旁，是同样小酌候机的旅客，或站或坐，或吞云吐雾，或凝神沉思，很少喧嚣。

这是我到英国快三个月之后，第一次回台湾。自己一个人走，内人和小孩都还在牛津研究和读书。在淡淡的烟雾里，我试着回想这两个多月来的种种，随着一幕幕的场景在脑海里浮现，惊愕、欣喜、困惑、犹豫的情怀又涌上心头。不过，在所有的大小经验里，小犬（小熊？）被曲棍球杆打断鼻子的事，几乎令我有刻骨铭心、恍如隔世的感受……

小犬的英文名字，似乎理所当然该叫泰迪——对他而言，泰迪熊（Teddy Bear）名正言顺。他那年十岁，在台湾应该读小学四年级；在英国，他属于中等学校的二年级。到英国之前，内人和我就讨论过很多次，到底要送他去上公立学校，还是私立学校。公立学校几乎免费，私立学校学费昂贵之外，主要是非平民化，似乎是社会有意地培育一小撮人，将来成为（英国）社会的精英。

到了牛津之后，看了几所公立学校：好的早已额满，平庸的则是学校和环境确实都稍逊。后来，死马当活马医，去拜访附近最负盛名的龙族私立小学（The Dragon School），主演哈利波特电影里的女主角，就是学校里的学生。这所学校远近驰名，招生简章上注明"孩童出生后可以登记"——在入学前八年就要登记，可见僧多粥少和学校的自负。

没想到，泰迪的那一级，刚好有一位小朋友移民，多出一个空额。在因缘际会下，我们决定让泰迪读这所私立小学。

开学前一天，校长主持一个简单的仪式，为新生的家长介绍老师和学校。校长自己的一席话，颇有启发性。他并没有着重讲学习和教育的重要，也没有回顾学校光辉的传统。他先强调两点：首先，虽然他知道这是强人所难，不过他希望家长们不要担心；学校里的老师们，会好好照顾小朋友。其次，他诚挚地希望，小朋友们能在学校里过得快快乐乐（enjoy themselves）；如果小朋友不能从学校生活里得到乐趣，其他的都无关紧要！

学生采用双轨制的能力分班：历史地理宗教拉丁等课程，是一组；数学，是另一组。在每个年级里，两组都有七级。泰迪英文目不识丁，自然分在最后的第七级，班上共有十三位小朋友；数学，先是分到第三级，两个星期之后就被调升到第一级。

上完第一天课，他很兴奋，因为每个老师上课都像在表演一样，内容是令人目不暇给的生动紧凑。他说，也许明年想留下来，自己当住宿生——没想到，学校对孩童的吸引力，竟然可以致于此。往后的日子，虽然不像第一天那么特别，也都多少增添了不同味道的点点滴滴，直到那一天——十月十三日，星期五！

下午五点左右，我由学校回来，到附近的河边慢跑，内人到学校接泰迪。等我回来之后，天色渐暗，他们却一直没有回家。

然后，我接到内人请朋友转来的电话，泰迪鼻子被曲棍球杆打断，正在医院急诊室。我马上打电话叫出租车，在门前等车时，我想到当初决定带他出国，是希望他有机会在英语环境里待上一年，稍微接触另一种语言和文化。没想到，还不到两个月，就出了这个意外。在脑海里，我也不自觉地闪过许多可能的情况：如果球杆扫到眼珠，会不会失明？鼻梁断了，是不是要动手术接好，会不会影响他的呼吸？……那真是漫长难熬的二十分钟。

赶到医院急诊处，看到泰迪一脸倦容；鼻梁右边中间位置，贴了一大块纱布，而且已经被血浸透了。我把他抱在胸前，听内人讲事情的经过。

内人到学校时，泰迪正和同学打弹珠。隔没多久，他兴冲冲地跑过来，手里挥着一颗很漂亮的、刚赢的弹珠。他希望再玩五分钟，妈妈看天气又好、小朋友又兴高采烈，就答应了他。没想到，五分钟不到，操场那边就传来他的哭号声；别的同学和家长搀扶着他，他已经满脸都是血。到学校医务室简单处理之后，护士认定他鼻梁断了；但是，最好先回家休息，过了周末再约时间请医生看，是不是要动手术矫正。

内人觉得不可思议，决定自己带他到急诊室。在路上挥手叫出租车时，没想到停下来的是一部警车。警伯很热心地送他们到医院，沿路上旁边的警察阿姨一直软语安慰泰迪"甜心，不要担心；蜜糖，你很勇敢"。

英国的公医制著名的慢，医院里待了将近四个小时，才完成检查手续。医生说，虽然流了很多血，似乎没有造成脑震荡；脸部浮肿，无法判断骨头是不是断裂。等下周消肿之后，再进一步检查。

回到家，房东看了吓了一跳。她说，单单是想到鼻子被球杆打上，她眼睛都湿了。第二天是周六，泰迪决定效法英国名将纳尔逊小时候坚持在大风雪里骑马上学的精神，肿着脸上学。一个星期之后，他鼻子慢慢消肿；谢天谢地，鼻梁没有断，只是留下一公分左右的伤痕。鼻子最后会是何等模样，可能要等好几个月后才知道。

想到他受伤的事，内人和我都觉得百味杂陈。但是，泰迪好像是好了伤疤忘了疼。而且，没想到因为受伤，他在学校里还成了一号人物。

也许是师长们以此为例，提醒小朋友要多注意安全；也许是他第二天忍痛上学，符合学校的校风；也许就是脸上的纱布太醒目，谁都看得到。反正，他走到哪里，小朋友都认得他。

有一次，他和同学在操场玩弹珠，几个高年级的走过来，其中一位一脚就把弹珠踢散，摆明了是要欺负低年级的小朋友。

后来他定神一看，发现是泰迪；他马上道歉，并且自我介绍，告诉泰迪他是何许人也，以后有麻烦尽管找他等等！——谁会知道，被球杆打伤鼻子之后，会有这种待遇。

当我喝完啤酒，放下杯子，起身离桌时，突然在脑子里闪过一个问题：如果事先就知道，到英国他就会受伤，我们还会不会把他带出国？

# 大师的身影

　　我曾经试着回想，自己到底是什么时候开始对"法学"产生兴趣的；可是，大概是滴水穿石般的转变，所以并不能明确地标出一个关键的日期或事件。

　　不过，大致的轮廓总是模糊可见的。几年前开始，我开始写一些介于经济学和法学之间的论文；因缘际会，这些文章都发表在"法律经济学"方面的期刊上。而且，在学校里，我也开始教制度经济学和法律经济学的课程。

　　虽然对法学的接触愈来愈多，可是毕竟不是科班出身，所以感觉上有点疏离。而且，学校里法律系的老师，多半是德日大陆法系的背景；法律经济学以英美习惯法为主，两种传统刚好分庭抗礼。所以，一直没有太多对话和撷取养分的机会。

　　到牛津大学休假这一年，真是天赐良机。牛津大学，是英国乃至西方文明里最古老的大学之一，本身就有深厚的传统。牛津法学院，更是西方法学重镇之一；西方习惯法的形成和发展，几乎就是由牛津和剑桥这两所大学的法学院所主导。即使今天法学研究的重心已经移往美国——当然，英国人不这么想——牛津法学院依然闪耀着慑人的光辉。

所以，学期一开始，我就像个大一新生，迫不及待地去旁听法学院的课。因为过去没有接触，所以只好不辨西东地多所尝试。第一学期即将结束（每个学期有八周，一个学年有三个学期），回想其中的点滴，几乎就是环绕着几位法学教授起伏。

首先，是菲尼斯教授（J. Finnis）。他是牛津大学法理学方面排名一二的大师，是自然法的权威，举世知名——我承认孤陋寡闻，以前没读过他的论述。他六十出头，书卷味很浓，而且浑身上下散发出一种典型英国绅士的气息。

他和一位年轻的博士，一起主持"法理学和政治理论"的讨论会，参加的研究生大约有二十位，环坐在一长椭圆形的会议桌旁。还有人穿着整齐，打着蝴蝶结，满脸敬意地坐在教室后面旁听。一开始，菲尼斯教授先就当天的主题作背景介绍，一直独白了大约三十分钟。我很惊讶，因为我完全听不懂他讲的是什么。而且，这不是英文的问题。

我环顾四周，研究生们个个一脸极力克制的愁苦；间或有一两个人，彼此偷偷地传纸条。他讲完之后，年轻的博士（大概是师徒式的安排）作了一番引申和请益；可是，我还是听不懂。

菲尼斯教授接过来继续独白，研究生们继续满脸愁容；我实在忍不住，就在纸上写了："你懂不懂他在讲什么？"然后传给旁边的研究生。他看了之后，马上一脸会心的微笑，再传回来："他一直重复的是同一件事——自然法！"过了一小时，我实在受不了，就提了东西悄悄离开。后来我问两位法学院教授，何至于此；他们听了我的描述，都毫不保留地放声大笑。（英国人通常很矜持含蓄，不会这么直截了当。）

显然，认为菲尼斯大师难以下咽的，不止我一个。不过，他在第二学期还有一系列的演讲，也许到时候我会鼓足勇气，再试一次。

第二位是胡德教授（R. Hood），他是法学院犯罪研究中心的主任，大约六十二三岁，中等身材。每周五上午十一点到十二点，讲授"刑罚的理论与实际"。虽然这个科目看似不甚起眼，但是胡德讲来生动有趣、兴味盎然。他提到在英国历史上，往往让犯人做苦工，所以英国几个主要的港口，大概都是犯人们的杰作。但是，犯人必须吃得好，才有气力做工，因此，犯人们的伙食，可能比一般民众还丰盛。这当然又引起争议，犯人们是在享受，还是在受罚？每一个小环节，都有发人深思的曲折。

他穿着考究，遣词用字典雅，英文讲得抑扬顿挫、甚是好听；演讲如行云流水，一气呵成，绝无半点停滞犹豫。对学生们而言，固然是极大的享受；对他自己，我觉得他一定也乐在其中。

学期中，我曾回台湾开会；但是，却匆匆忙忙地在周四深夜赶回牛津，目的就是要上周五那一个小时的课。我认为，这是对一位好老师的敬意和应有的礼遇。我没有告诉他，自己千里迢迢赶回来上课这一段；但是，我曾经告诉胡德教授：我觉得，每次上完课，学生们好像都想起立鼓掌致意！他听了很高兴——高帽子人人爱，中外皆然。

最后一位，是哈里斯教授（J. Harris），他的专长也是法理学，和另一年轻博士一起主持研讨会："财产权的哲学基础。"我记得很清楚，学期一开始，我按图索骥，找到研讨室坐定；没多久，满头白发、身材瘦长的哈里斯扶着门房（门房穿正式西装，胸前口袋还塞有红手巾）的手臂走进来。我赫然发现，哈里斯教授竟然是盲人。在英国大学里，要升为"教授"非常不容易；而且，法学文献汗牛充栋，哈氏能克服生理上的障碍，成为牛津大学教授，又是著作丰盛，更是突出。对于哈里斯教授，我心里有一种特别的敬意。

每次上课，哈氏先开场白五分钟；另外那位年轻的博士，总是睡眼惺忪，手里拿着一杯咖啡，蹑手蹑脚地走到哈氏旁边坐下；然后，哈氏一讲完，他刚好能接上去。他和哈氏一老一少，一面论对，一面彼此调侃，搭配得很是成功。

财产权的演变，是一个很生动、但却是自然而水到渠成的过程。因此，虽然用不同的专有名词，但是本质上和经济学（特别是制度经济学）有很多交集。所以，自然而然的，我和哈氏特别有话说。我两次到他家里讨论问题，都很有收获。他讲话速度很快，我也不由得加快对应。十分钟里的对话，大概平常总要讲上半个小时；所以，一个小时下来，一方面觉得累，但是一方面又觉得很亢奋。

第二次去时是傍晚，他的夫人（也是一位教授）用很精致的瓷器和银盘泡茶待客。谈完话，哈氏带我把杯碟放到厨房里。他走在前面，下楼、穿过两个房间、走进厨房。房间里一片漆黑，可是他行动自如；我跟在后面，一路摸黑找开关开灯！——这可是一个前所未有、很特别的经验。也许是分析问题的角度确实很接近，也许是谈话特别投契，哈里斯教授和我已经决定合作，要共同研究一个问题。

第一学期即将结束；不过，我知道，在第二和第三学期里，我会继续去探访其他的法学大师。诺贝尔奖得主科斯曾说："我从不觉得自己是一位伟大的经济学者；但是，我有幸认识许多伟大的经济学者！"一年之后，也许对于法律学者，我可以宣称有同样的感受……

# 剑桥翦影

到英国已经四个多月，一直想去剑桥大学看看，却一直没能成行。不过，关于牛津和剑桥之间的种种（瑜亮情结、爱恨情仇等等），倒是听了不少。

许多牛津学者，不愿提起剑桥的名号（另一种形式的避讳），而仅以"另外那所大学"名之。因此，此地有人宣称："另外那所大学出产间谍，而牛津则是培育抓间谍的人！"

圣诞节过后，我们终于安排了到剑桥的二日游。直达的巴士要三个小时，所以为了避开塞车，我们决定摸黑搭五点的早班车，到剑桥刚好吃早餐。没想到早上一开门，竟是满地白雪。地上厚厚一片，屋顶树上也都挂满白绒绒的雪。前两天气象预报还说，今年英国大概看不到雪。儿子从来没见过雪，也一直期盼着，当然高兴得又叫又跳。

长程巴士准时进站，离开牛津之后，就在高速公路和各个小镇之间上下进出。旷野上一眼望去，是远到天际的白；小镇上一排排房屋的屋顶，也盖满厚厚的一层，景观非常别致，真有点像是童话故事里的插图。

我们正为眼前美景津津乐道时，巴士却停下来；因为往前是先下而后上的两个陡坡，司机怕车子打滑失控，所以决定暂停。这一停就是三个小时，后来警车帮忙召来卡车，在坡道上撒了盐土，巴士才勉强脱身。

　　到剑桥时，已经接近中午。先到订好的家庭式旅店，放下行李；然后就按图索骥，找到剑桥大学的校区。其实，很难说哪一块是剑桥大学的校区。剑桥和牛津一样，是由许多学院所组成；各个学院有各自的建筑和房地产，坐落分散，所以并没有完整的校园。而且，学院本身是文化和经济活动的主轴，周遭的环境等于是依附着学院。因此，学院和周遭环境，彼此共生、共存、共荣。

　　不过，剑桥和牛津不同的地方，是剑桥的主要学院很集中，就顺着一条大街依序排列。这条大街，就成为剑桥的中心所在。和大街约略平行，刚好是一条河；因此，剑桥的几个主要学院，正门面对大街，学院后面的庭院有小河静静流过。这样的格局安排，真有天造地设的味道；英国历史上，剑桥培育无数英才，地灵和人杰似乎确实有关。

　　在剑桥市区（校区）逛了一阵之后，儿子坚持要到公园玩雪。对他而言，四周古老高耸的建筑和千百年来进出这些建筑的文人雅士英雄豪杰，都不重要；他念兹在兹的，是希望能在雪地上堆出一个雪人！

　　第二天早上，穿过依然是一片白雪的公园，又进入校区。先到位在街角的剑桥大学出版社的书店，买了几本书。我发现，剑桥出版经济方面的书很多（也很有名），但是法律方面的书在质和量上都相去甚远。这一点，似乎刚好和牛津大学出版社相反。

离书店不远的地方，就是大街尽头第一所学院——圣约翰学院（St John's College）。学院像是一座中世纪的城堡，城堡上在冷风里飘荡的院旗只升了一半；大门旁布告栏里，有一张院长署名的告示：因为另一所学院的院长过世，本学院下半旗以示敬悼。

紧接着圣约翰的，是大名鼎鼎的三一学院（Trinity College）。远的不说，据说近几十年来就出了三十位左右的诺贝尔奖得主。进了大门，是正方形的草坪，大约一百公尺见方；草坪中间有一座亭子，四周则是城堡般的教堂、研究室和图书馆。

穿过草坪和建筑，后面是另外一套四方形的草坪和建筑。在角落上，插着小牌子提醒来人请勿践踏草坪；但是，偶尔也有告示牌标明，只有学院院士和院士的贵宾，才有踏上草坪的特权。

走进三一学院的教堂，令人立刻自然而然的肃然起敬。四面深色木质的墙板上，是一块块的铜牌，纪念几百年来、一代代的杰出院士。房间里，则是两列大理石的雕像，纪念更杰出、贡献更大的三一学人。散文名家、培根论文集的作者，化身为白色大理石，面露浅笑。

两列雕像的尽头，是整个房间的精髓所在，这是到目前为止，三一学院历来最著名的院士。他的成就，不仅影响自然科学，可以说直接间接地影响了整个人类——被苹果打在头上、发现万有引力的科学巨人牛顿。

我看着凝神远视的牛顿，有种非常特别的感觉。我站的地方，牛顿曾经站过；教堂外的草坪，牛顿曾经驻足过。虽然他的肉体躯壳早已腐朽，但是所作所为却影响世世代代的人们。在他和后世的人们之间，似乎有某种跨越时空、难以言喻的联系。

有趣的是，前几天报纸上才报道，最近将有一本新的《牛顿传》问世；而且，书中将引证，牛顿在担任皇家学院院长期间，曾经排斥异己、阻碍科学进展。很可能，确有其事；毕竟牛顿也是人，也有个人好恶。不过，牛顿、那两列雕像和墙上一面面铜牌所代表的，其实不只是对科学和其他学科的重视而已。

更重要的，是雕像和铜牌反映了几百年来，英国已经逐渐发展出对皇权之外价值的支持、肯定和尊重。而且，在某些范围里，这些其他的价值足以和政治权力竞争乃至于抗衡。事实上，只有当社会上有多种的价值，而且可以彼此各擅胜场时，才可能避免政治权力的独大和几乎必然有的腐化。

而且，民主政治的出现，也绝不只是政治活动本身的变化而已。如果没有其他社会条件的配合，很难想象政治活动本身，就足以孵育出多元价值，并且支持彼此之间的竞争和抗衡。这么看来，英国成为西方民主政治的典范之一，并不是偶然。

离开三一学院之后，我们逛到另一座公园里；公园也在河旁，还有一座平底船的码头。我们就在码头旁的酒馆里午餐，窗外是半结冰的河面和一片雪白。

也许是我的错觉，牛顿的雕像好像在远方的雪地里若隐若现，默然无语，但是庄严昂扬……

# 牛津向前看

也许，当人事物伟大到某一种程度时，任何批评不但多余，而且必然是别有用心，几乎本身就是罪恶。

读完凯伊（J. Kay）的文章，大概少不了会有这种感受。他的文章，发表在最近一期的《展望》（*Prospect*）月刊；这是一本英国颇有声望的杂志，内容以分析政治社会议题以及时事评论为主。

从 1969 年起，凯伊教授就在牛津大学任教；1996 年，他出任牛津即将成立的赛德商学院（Said Business School）首任院长。然后，经过几年倍极艰辛、而几乎徒劳无功的创院筹备工作，他终于辞职。《展望》月刊里的文章，就是他对那一段岁月的回顾；当然，重点不在赛德商学院本身，而是他对牛津大学整个管理和行政体系的批评。

根据记载，牛津大学创立于十一世纪，是英语世界里的第一所大学；几百年来，逐渐发展成英国乃至整个欧洲最好的大学之一。目前，牛津有三十九个学院、十九个系，以及一些附设的单位。

造成问题的主要有两大因素，一是学院和系的结构，一是牛津大学本身辉煌悠久的历史。牛津最早是以学院为主，几百年来先后成立的各个学院，有各自的院产；在行政和学术上，在相当程度上是独立运作。后来成立的科系，是以学科为主（譬如经济系、化学系），但是，系里的每一位教授，又分属不同的学院。例如，三一学院有经济学者，圣安东尼学院也有。校方为了调和各学院和科系之间的步调，并且订定适用所有学院的各种规定，就成立了各式各样、不一而足的委员会。

　　我就曾亲耳听到，有人很自豪地表示，自己是大学里廿三个委员会的委员。（仔细想想，对一所大学和一位教授而言，这似乎都不是什么值得高兴的事。）委员会的特色之一，当然是避免冲突，也避免负实际责任。因此，决策过程非常缓慢，而且决议往往模棱两可。

　　另外一个因素，是因为牛津大学已经有几百年的历史，所以几乎所有的事都有前例可循。一切要照规矩，以维持光荣高贵的传统。可是，讲究传统的麻烦，是一旦有新生事物出现时，大家变得不愿意，或是不知道该怎么处理。因此，有人戏称："任何决策如果没有前例可循，那么这个决策或者是错，或者是立下危险的先例。由此可见，任何会成为'头一遭'的事，都不该做！"

　　委员会加上传统，使得"外人"看得眼花缭乱，不知所以。有次某教授在会议里一脸困惑，旁边的人充满同情地解释：不怪他，他到牛津才七年！

　　在牛津成立商学院的事，早在1965年就有人提议；在各个委员会里斟酌损益二十五年之后，终于在 1990 年通过。接下来，又花了五年的时间，才决定接受赛德（原籍叙利亚的商人）捐赠的两千万英镑。然后，再花了六年的时间，决定院址和盖院舍。

凯伊在文章里提到，要和其他世界一流的商学院竞争，牛津的赛德学院必须有类似的条件，包括在聘任和待遇等条件上。可是，待遇问题太敏感，所有的委员会连碰都不愿意碰。目前牛津新聘讲师的年薪两万英镑，根本和其他商学院四万英镑的起薪差一大截。

凯伊语带嘲讽：如果教国际投资的讲师，薪水连银行的接待小姐都比不上，谁有兴趣（信心）听他的课？他一再强调，商界著名的管理顾问公司，一旦碰上牛津权责不明、举止牛步的行政体系，只有错愕和挫折！在文章最后，凯伊提出警讯：如果牛津再不想点办法，调整老大臃肿的行政体系和决策机制，很快就会失去世界一流大学的地位！

凯伊的文章在《展望》刊出后，在紧接的下一期里，马上有许多长短不一的回应。有一位牛津教授写道，她完全赞成凯伊的批评，而且几乎是每行每句她都点头呼应。可是，牛津另一所学院的院长，则是批评凯伊个人英雄主义式的作风——占用了大家的时间，却一事无成。现任赛德商学院的院长，也简短响应。他提到凯伊走后，学院已有长足进展；薪水已经稍有弹性，而最近聘任的师资，都是国际知名学者，等等。

我是十足的旁观者，不但到牛津还不到七个月，而且只是访问学者，没有机会实际参与校务。不过，在蛛丝马迹里，我却可以感觉到凯伊率直指陈的问题。譬如，我看过一些牛津学者的著作，我知道是绝对达不到美国一流大学学者的水平。而且，即使是大牌的牛津教授，也经常划地自限：在著作里只引述英国的史实和资料，而不是在国际的学术市场上，和其他国家的学者对话。确实，在某些学科（甚至是他们相当自豪的学科）里，牛津有慢慢走下坡的趋势。

不过，凯伊的批评，也可以由另外一个角度着眼。和企业界明快积极的作风相比，牛津的做法和效率的确相形见绌。可是，如果牛津大学的目标，不在于筹办出一流的商学院，而就是要维持本身的风格和传统，那么，即使行政程序缓慢和权责不明，只要能运作，就足以维持正常的校务。

而且，传统本身，就是一种很特别的价值；对许多学科和绝大部分校务而言，坚持传统（甚至真的不碰任何"头一遭"的事），一样可以操作。因为牛津大学历史够久、规模够大，所以可以自给自足地维系一种特别的生态。

事实上，以目前牛津几十所学院和科系的情况来说，委员会缓慢摸索前进的做法，未必是最不效率的做法。试想，如果校方放弃委员会，改以中央集权的方式来处理校务，单单是要了解和掌握不同学院的需求和好恶，就要动用多少人力物力。更何况还要在几十个学院之间斟酌轻重，分出高下和先后。

往前看，是赛德商学院会带动牛津，还是牛津会同化赛德？我想，凯伊教授一定会选择后者；我呢？——我怎么知道，我来牛津还不到七个月！

# 价格的极致

前一段时间，我参加一个小型的国际学术研讨会——由牛津大学的社会法制研究中心主办，为期一天半。主题是"法律和社会理论"，有近三十位各国学者发表论文。

第一天下午的重点，是专题演讲，由美国纽约州的圣约翰大学法学院院长担纲，讨论他最近出版的专著。讲完后，由听众发问。主讲者大约四十出头，非常有风度；对于所有的发言，几乎总是答以"我完全同意你的观点"，然后再作引申。

第二天上午第二场，我先报告论文，内容和法律经济学的方法论有关。我用投影片解释时，前一晚的主讲者离开座位，斜靠着柱子、边看边听。我论文的重点，是法律经济学的分析方法；但是，我也提到经济学倚为基石的需求定律：人在几乎所有的行为上，都会呈现价格和数量反方向变动的现象。

开始讨论时，主讲者马上提出问题。他讲了长长的一段，主旨是他认为需求定律有问题，而且有太多的例子可以支持他的立场：譬如，即使代价非常高昂，历史上还是有许多志士仁人，为他们所认定的目标献出生命！因此，经济学（者）认为无所不在的需求定律，其实并不成立；由此也可见，以经济学来分析法律问题，并不得当。

回答时，我先幽他一默：我当然不能和你昨天晚上一样，说"我完全同意你的观点"！接着，我强调两点：一方面，关于需求定律，在经济学里有一大堆文献，而且，那并不是我论文的重点。另一方面，即使如此，我还是可以补充一二。我提到，在监狱和军队里，有比较多的同性恋。这个现象，也可以由需求定律来解释：和异性交往愈来愈困难时，人们会减少对异性的需求，而转向同性。他显然不满意我的解释，不过其他人也有意见，他就按捺下来。

午餐时，同桌一位澳洲来的学者提到，前不久悉尼奥运会结束时，运动员的衣物鞋帽都成为纪念品。有人出价一千美元，买她朋友身上的运动外套。她的朋友婉拒，说那是无价之宝，多少钱都不卖。我冷冷加上一句：那是一千美金！如果有人出价一百万美金，我相信她会先卖了外套，再花少许钱去另外买一件！此话一出，同桌的人都笑着点头同意。

下午中场休息时，那位法学院院长找我继续论对。他表示，过去读哈佛法学院时，受教于法律经济学的重镇之一夏维尔教授（S. Shavell），所以，读了很多相关的论著，也知道经济分析的价值。不过，他强调，经济模型太简单，不足以反映复杂多变的人。譬如，以我提的同性恋现象为例，他相信：还是有很多人，会宁可禁欲，而不会转向同性。

我隐约感觉，他触及一个有趣的问题：当价格走向两个极端时——走向零和走向无穷大，人的行为是不是还符合需求定律？我告诉他，我会查一查经济学的文献，然后再和他联络。最后一场发表讨论后，研讨会就正式结束。他拿了几张刚画的图，又要和我论证。因为寒暄道别的人一再打断，我们也就握别，约好再联络。

第二天一大早，我们一家大小就飞爱尔兰首都都柏林。爱尔兰曾经长期受英国统治，所以有许多起义革命、逮捕处决的事迹。国家博物馆里，收藏了好几副革命首脑的石膏面像，都是就义后拓下的面容（death mask）。不过，在参观和游山玩水时，需求法则的问题，还是不时地浮现在脑海里。可惜，我似乎找不到思考上的着力点。

一回到牛津，我就用电脑打信向大侠（出版过武侠小说的名经济学者）求援。不愧他行侠仗义的英名，大侠马上响应：当价格变得很高时，人的有限财富无法支持，需求量自然变成零。所以，需求定律依然成立。不过，大侠也提到，就他所知，在经济学文献里，好像并没有讨论极端价格的文章。

对经济学而言，我相信大侠的解释理直气壮。可是，当经济学者面对一般人以及其他学科的学者时，却必须运用他们所能接受的语言和逻辑。我觉得，我还没有找到能说服他们的说辞。

这段期间，一家大小飞到捷克首都布拉格一游。百闻不如一见，布拉格的夜景真美；夜色里，半山上的城堡和教堂在灯光衬托下，显得特别金碧辉煌、跨越时空。

国家博物馆前的长型广场上，有一个矮矮的十字架和一块很小的受难者纪念牌；纪念牌前，是两张放大的黑白照片。在1969年苏联坦克开进布拉格后不久，两位捷克大学生，先后自焚而死。照片旁，几个小蜡烛几乎终年不熄，肃立追悼的人也接续不断。

几天后，当我们坐在往机场的巴士，看着窗外一片秋意的原野，我突然把这几件事想到一起……

第一位自焚的青年名叫帕拉赫（J. Palach），当时才二十一岁。而且，自焚后三天才过世，受尽苦楚。如果由那位法学院院长来解读帕拉赫的义举，毫无疑问，他会指明：即使自焚当时非常痛苦，接连的几天更是受尽折磨；代价这么高，帕拉赫还是选择自焚——价格极端高时，数量并没有下降为零。

可是，由冷冰冰的学术分析角度着眼，帕拉赫多受三天的折磨，刚好提供了一点思维的空间。当他引火自焚时，可能只有模糊的概念："引颈成一快。"当他事后在病床上受煎熬时，如果神智还清醒，他才能真正清楚地体会到自焚的意义——自焚的代价。如果这时候问他，再有机会，他还会不会自焚？——假设当初知道价格这么高，还会选择同样的举动吗？

即使对第二位自焚的青年而言，他也只是看到和读到关于帕拉赫的痛苦；虽然体会比帕拉赫多，可是对他来说，自焚的代价依然是一个模糊的概念。事实上，这两位青年在捷克历史上的特殊地位，正因为他们选择了绝大多数人不能、不愿或不敢尝试的行为——对其他人而言，自焚的代价实在太高了，所以他们的需求量为零！

我还依稀记得，曾经读过一篇文章，提到有些选择因意外而截肢的人；当他们刚清醒时，往往觉得生不如死。可是，经过一段时间，他们却体会到还是活着好。因此，对于这些由亲身经验里经历过生死抉择的人，当他们冷静选择时，他们对死亡的需求量为零——价格很高时，需求量确实降为零。因此，一般讨论需求定律时，通常认定"价格"是个你知我知、一目了然的概念；但是，当价格趋向极端时，显然需要对这个概念作较精致的界定。

虽然想清楚了这些环节，不过由布拉格回来之后，我还没有和那位法学院院长联络。也许，我发现，那两位捷克青年的自焚，在需求定律之外的其他含义，太过沉重了！

# 天平前的巨星

当一位名律师（收费标准：每天一万英镑）过世，身后的评价如何？

乔治·卡曼（G. Carman）于一月二日因癌症去世，享年七十一岁。第二天，英国几家主要的报纸，都在头版报道这则新闻。其中之一，甚至是以头版头条来处理，还登了一张二十公分见方的彩色照片。他的独子发表简短声明：家父身材不高（刚好160公分），但是在法庭和陪审团前，他却是一位不折不扣的巨人！

可是，这位大律师究竟是何许人也，为什么享受这么特别的待遇？——卡曼在1929年出生，父亲是家具商。少年时读神学院，希望将来当传教士；但是，后来发现自己喜欢女人，当然要换个轨道。在牛津大学读的是法律，以优异成绩毕业。开始执业的前几年，默默无名；整个事业和人生的转折点，是在他五十岁那一年。

当年，曾经是国会议员的前自由党党魁斯洛普（J. Thrope）被起诉，罪名是企图谋杀自己的同性恋伙伴。在最后结辩时，卡曼面对陪审团，以沉稳的语气和坚定的眼神说道："过去，斯洛普曾经从选民手里得过几百万张选票；但是，今天他却面对生命里最重要的几张选票，也就是你的、你的、你的……"他慢慢地、用手逐一指向十二位陪审员里的每一位。最后，陪审团宣布斯洛普无罪，卡曼一战成名。

1990年以后，他由刑事案件转向毁谤官司；无论他站在哪一方，原告或被告几乎都是影艺、媒体和政界里多金的名人，而他也多半是赢家。他曾经有机会受聘为位极荣宠（但收入要少了许多）的法官，但是却婉拒出任，理由是他喜欢在"有血有沙的竞技场"里搏斗。他先后结过三次婚，还有诸多异性密友；此外，好酒，也好赌。

《泰晤士报》除了头版新闻之外，还有评论和一大篇讣闻。文章里提到，卡曼是伟大的辩论者，是最令证人台上的人畏惧的诘问者。

《独立新闻》报里，有四篇相关的文稿：除了称他是二十世纪最多彩多姿的律师之一外，还指明是他把法庭变成剧场。还有，站在证人台上被卡曼诘问，不只会令人手足无措、颜面扫地而已。在卡曼一连串问题下，一位前任部长的说辞自相矛盾，因此，明显是宣誓下撒谎，结果入狱服刑。他对卡曼的评语是：事前准备巨细靡遗，在法庭上令对手畏惧，而且像眼镜蛇一样，会出其不意地弹起一击。另外一位被诘问的证人，事后告诉卡曼：不论有任何报偿，都不值得站上证人台面对你！很多原告，一旦知道被告已经聘请卡曼辩护，往往就撤销告诉，免得自取其辱。

《卫报》(*Guardian*)，曾经在被人控告时请卡曼助阵，现在更是头版头条加上大篇幅报道：伶牙俐齿的卡曼，经常有令人回味无穷的妙言妙语。有一位喜剧演员被控逃税，辩护时卡曼说：会计师里，有些人很有喜剧天分；但是，喜剧演员里，却没有人有会计头脑！对于一位前任部长，卡曼这么描述：他像鸵鸟一样，把头钻进沙里，因而暴露了身体上用来思考的部位！（当鸵鸟把头钻进沙里，翘起来的是光秃秃的屁股——人大概也是如此。）

另外一份小报里，专栏作家（本身正准备和卡曼在法庭里对头）提了几件事，也可以反映卡曼的行谊：虽然人尽皆知，卡曼嗜酒好赌、在女人堆里打滚；可是，在他生前，媒体却只字不提。也许，这并不是为贤者讳，而是大家都不敢得罪他，因为说不定哪一天要靠他脱身。还有，有一位爵士知道自己被别人提出告诉，就征询顾问：一旦自己站上证人席，最怕面对哪一位律师——"卡曼。""那么，立刻聘他当我们的辩护律师！"此外，卡曼本身也渐渐成为媒体宠儿和社交界名人，而他也充分享受镁光灯闪烁和与其他名流为伍的乐趣。1999年，著名百货公司哈罗德（Harrod）老板阿尔-费伊德（M. Al-Fayed）——他的儿子和黛安娜王妃一起在车祸里殒命——被控毁谤，卡曼受聘辩护。

当陪审团递出无罪判决，法庭里人潮散去。卡曼等了三十五分钟，阿尔-费伊德赶到法院后，两人一起步出法院，让群集的媒体拍照。照片里，阿尔-费伊德两手环抱卡曼，而卡曼则是面露含蓄的微笑。专栏作家写道，对卡曼而言，这些都是表演。而且，在一场精彩的演出之后，演员总要享受最后的谢幕和礼赞。

似乎，卡曼是一位毁誉都有的明星演员；在亮丽光鲜的外表之下，还有另外一些不容易论断的曲折。那么，到底他是什么样的人物呢？

也许，最亲近的人知道得最清楚。一月七日星期天的《泰晤士报》，有半版卡曼独子执笔的文章。文章里提到，卡曼有许多令人敬重的作风：为重要的案件，他会花上好几个月的时间，找数据、准备要问的问题、斟酌遣词用字、推敲出能一针见血长留耳际的锋利短句。还有，过去陪审团通常同情原告，而判媒体败诉，因此，卡曼乐于为媒体辩护，因为输的机会大、赢时更有成就感。

当然，文章也透露了法庭之外、真实生活里的卡曼：有时候喝酒过量；经常在赌场沉迷于二十一点，有时候输得超过自己所能负荷的；一辈子的诸多关系里，始终用情如一的恋人是——法律！（言外之意，当然非常明显。）

也许最令人惊讶的，是文章里的一段描述：1978 年，卡曼和独子在度假时，由收音机里听到新闻报道：前自由党党魁斯洛普，将以企图谋杀罪受审。听到这则消息，卡曼转向独子，说："我能让他脱罪！我能做到！"脸上的表情，像是刚中了彩券般的兴奋发亮。

对一般人来说，法律的本质，似乎应该是在发掘真相，彰显正义。可是，卡曼却不经意地透露出另一种信息：只要能掌握技巧、抓住陪审团的心理，出色的律师可以像魔术师一样，玩弄黑白于股掌之中。

不过，仔细想想，律师的责任，本来就是在为自己的委托人说项。期望卡曼不为委托人的利益（也就是自己的利益）着想，就像期望站在投手丘上的投手不希望自己的球队赢球一样。

换言之，让真相突显，并不是任何一方律师的责任。司法体系的本质，是希望经由双方的"卡曼"、加上陪审团的判断，能提高显露真相的几率而已。因此，期望卡曼追求正义并不合理，期望有更多的卡曼能分庭抗礼才合情理。

至于卡曼私生活上的点点滴滴，当然只是影剧版的轶闻而已！

# 永恒的面具？

1993 年 2 月里的某一天，两岁多的詹姆·巴格（J. Bulger）和妈妈一起去逛购物中心。一转眼，妈妈发现小詹姆不见了，惊慌失措而遍寻不着后，她马上报警。

警方检查所有的闭路监视系统，发现小詹姆是被两个男孩带走。罗勃·汤普森（R. Thompson）和约翰·维纳布尔斯（J. Venables）当年都才十岁，他们以糖果为饵，把小詹姆骗走。然后，带他到附近的铁轨旁，对他拳打脚踢、凌辱致死。

事发之后，震惊英国上下。两个男孩年龄太小，被处以保护管束。但是，因为罪行太过邪恶，群情激愤；所以，两人的所在一直是秘密，免得有人报复泄愤。

2001 年，两个男孩已经受了八年的辅导感化，而将在八月底前获释。但是，元月初，英国高等法院少年法庭的首席法官作出裁定：为了让两个男孩有重获新生的机会，因此他们将改名换姓。在政府部门的协助下，他们会有新的姓名、新的家庭背景、新的亲戚关系等等。过去种种，从此消失。而且，基于安全考虑，任何媒体不得透露他们的身份。报纸上也登了两人十岁时的照片——两个眉清目秀、人见人爱的小男生。

这个裁定一出，英国媒体一阵批评和讨伐。主要的理由有两点：一方面，社会大众有知情的权利；而且，这两个男孩可能再犯，一般民众当然该有起码的信息，才足以自保。另一方面，媒体的责任，就是报道有意义、读者有兴趣的题材。在这个案例上，政府并没有理由限制媒体。更何况，此例一开，法院和政府可能得寸进尺，逐步侵蚀媒体监督防腐的功能。在这一点上，也许言论自由已经是英国社会根深柢固的传统，所以几乎所有媒体都立场一致。

作出裁定的法官，则是引用欧洲人权公约第二条：人，有生存的权利。她认为：就是因为两个男孩的行为太令人发指，所以一旦两人的去处为人所知，受害人的家属或亲戚，乃至社会上义愤填膺的人，都可能采取报复行动。对于两人而言，真的会有生命危险。因此，除了本国媒体不得报道之外，对于其他国家媒体所揭露的任何消息，英国媒体也不得转载。而且，只要两人还活着一天，这个禁令就存在一天。

报上有一篇评论，轻描淡写地作了一连串的推论：两个男孩重回社会的前提，是他们深有悔意，而且已经痛改前非。过去八年多的时间里，在心理辅导人员的协助下，他们确实认清了自己所犯下的大错，并且有深刻的罪恶感。可是，当他们重新起步时，却是要用新的身份——假的名字、假的出生年月日、假的成长过程、假的家庭背景。而且，为了能过"正常"的生活，他们还必须隐藏（或设法忘记）自己过去的所作所为。

仔细想想，这种矛盾不是很讽刺吗——既要他们承认自己的过错，却又鼓励他们要忘掉过去。两相对照，有罪无罪、白纸污渍，真真假假、假假真真；在心灵深处或夜深人静时，他们要怎么自圆其说、面对自己？

事实上，即使那些想报仇的人放过他们，他们这一辈子大概也很难放过自己。将来，一旦小孩问自己：爸爸，你小时候住哪里、读什么学校，带我们去看看好吗？两人会如何自处？

在两人真正脱离管束之前，相信媒体还会有几波议论；甚至，主要的媒体可能会挑战法院的裁定，打言论自由的官司。当然，法官裁定的松紧，还有讨论的空间。譬如，也许每隔一段时间，可以让媒体得到过滤之后的消息，以便作有限度的报道。不过，除此之外，很难想象法官还有更好的选择。

如果法官对媒体不作任何限制，在媒体竞争之下，两人的去处很快就会曝光；小詹姆的家属和其他的人，几乎必然会设法报复，伤害两人。或者，即使没有人真正采取行动，两人如过街老鼠，到处受别人白眼、歧视、抵制。在千夫所指之下，反而可能怨怼愤恨，再触法网。无论是哪一种结果，不都会诱发更多的过错和更多的罪恶感吗？

因此，这真的是两难：维护两人的权利，会伤害到媒体和社会大众的权益；让媒体和社会大众享有言论自由和知情的权利，两人的福祉（生命）必然被侵犯。法官的裁决，显然是两害相权下的取舍。如果让社会大众决定，可能有百分之五十赞成法官，也有百分之五十反对；可是，谁有更好的办法吗？

不过，这个特殊事件，也触发了一些值得深思的问题……

对于许多社会而言，这个案件实在是太过特殊。两个十岁的小男生，竟然会联手把另一个更小的幼童凌虐致死。虽然他们的行为和罪愆都令人发指，可是他们才是稚龄的儿童——有哪一个社会，能轻松、熟练、自在地处理十岁的杀人犯？还有，当他们经过辅导、要重回社会时，也才是二十岁不到的年轻人；和其他热情洋溢、涉世未深的年轻人相比，一般人要如何面对这两个同胞？这两个问题的答案，相信会困扰绝大多数的人。

在另外一个层次上，这个案件也触及了"罪与罚"的深处。在正常的情况下，一个人犯的过错和受的处罚之间，有大致明确的关联。因此，开车超速，罚款或吊销执照；诈欺伤人，赔偿或服刑。罪和罚之间，有种一对一的呼应关系。耳闻目见，一般人也都视为当然。

可是，两个男孩的罪行，却似乎打破了罪和罚之间的明确联系。他们犯的错，大家都知道，包括他们自己；可是，他们该受哪一种惩罚、到什么程度，却相当模糊。（以牙还牙，以眼还眼，以命抵命？）当他们管训期结束时，算是已经接受过处罚、付出过代价了吗？如果不是，他们往后大半辈子所受的惩罚，是在改名换姓下、受到自己良知的折磨？还是，他们必须以真实的面孔，面对永远的羞辱和排斥？

对于小詹姆的父母和亲戚，答案当然非常直截了当。可是，对于没有切身利害的社会大众呢？对于法官和立法者呢？

# 最后一片云彩

是谁说的："死，有轻于鸿毛，有重于泰山？"如果是前者，等于是过眼烟云；如果是后者，当然会留下痕迹。可是，社会上绝大多数的人，是介于这两个极端之间；当他们（我们？）过世时，身后如何呢？

这个问题，过去我从来没有想过；到英国这几个月来，却偶尔会在脑海里冒出这个小哉问。让我触景生情的，是报纸里的讣闻版。

在英国的主要报纸里，每天总有一整版的讣闻；"黄道吉日"时，还占满两个版面，版名就是"讣闻"（Obituary）。对于讣闻的处理，当然每个人长短不同：短的十行八行，长的半个版面，而且还加上逝者的照片。讣闻的长短，和死者的社会地位、职业或财富，并没有必然的关系。讣闻涵盖面非常广，士农工商、军警医法、艺文影视、王公将相、贩夫走卒，无所不包；甚至，英国之外，其他国家的人士，也在报道之列。

读这些讣闻，往往发现许多掌故和轶闻。前一段时间，有一篇邮差歌手的讣闻，占了三分之一版的篇幅。某个小城里的邮差闲时自弹自唱，偶然机会之下被发掘。在 1966 年，他的成名曲《朋友，借个火好吗？》（*Hav ya gotta loight，boy*？）一炮而红，在排行榜上甚至超过披头士。

邮差辞去工作，和知名唱片公司 EMI 签约；不过，现代社会有这么一则定律：每个人都可能出名，可是只有十五分钟！邮差歌手一闪而逝，很快就默默无闻。在 1994 年，有家广告公司想用他的成名曲，伦敦舰队街的媒体知道消息后，四处探访，终于在某个游民收容所里找到他。镁光灯熄灭后的日子，可想而知。他死时更是潦倒窘迫，一文不名。讣闻旁是他刚辞去邮差时的照片，一身雪亮硬挺的制服制帽，神采飞扬。

另外一篇讣闻，是关于经典之作《卡萨布兰卡》（*Casablanca*）的剧本作者，一位美国影剧界的名人。这位剧作家常和自己的孪生兄弟一起创作，他曾回忆《卡萨布兰卡》最后一幕的曲折：在浓雾弥漫的机场，影后女主角已经和丈夫登机而去；男主角刚枪杀了盖世太保的首脑，而法国殖民地的警察头头亲眼目睹这一切。他看了一眼地上的盖世太保，当然知道刚刚发生了什么事……

剧作家记得，当时兄弟两人正开车经过好莱坞的日落大道，突然心有灵犀，两个人同时伸手指着对方、同时喊出："把那些常见的混混逮来问话！"（Round up the usual suspects！）这句话，就成为那位吊儿郎当、阳奉阴违、揩油摸鱼、有意放水的法国警察召来副官之后，脱口而出的台词，也成为整部电影里最传神、最令人难忘的台词之一。

除了这些轶闻和掌故之外，我觉得特别意外的，是讣闻版里经常有对学者的报道。前一段时间，一位专攻古楔形文字的学者过世，讣闻版花了大约四分之一版的篇幅，介绍他的事迹。讣闻特别推崇他的经典之作，1952 年由企鹅丛书出版的《希泰》（*Hittite*）——描述古中亚希泰帝国的兴亡。这本书雅俗共赏，在1999 年还修订再版。另外，一位德国文学专家过世，讣闻版也有详细的报道。《大英百科全书》里德国文豪歌德（J.W. Goethe）这一项，就是由她撰写。当她从伦敦大学退休后，学校想礼聘她为位极荣宠的院士；可是她却婉拒，因为她反对学校日渐商业化的走向。

我曾经问过几位老英，看不看报纸的讣闻版？不论他们平常看哪种报纸，几乎都异口同声：当然，而且讣闻版是他们最常看也最喜欢的版面之一。可是，为什么呢？对于读者而言，除了多知道一些稗官野史，多看功名转眼成空，或者有一点好死不如赖活着的欣慰之外，这些讣闻到底有什么意义呢？

由人物传记里，读者可以了解这些人物们一生的曲折，知道他们为成功所付出的岁月和心血，或是认识到在光鲜的外表下，还有其他阴暗的面向。而报纸里的讣闻，就有点像是人物传记的摘要。不过，讣闻也不完全是人物传记的缩影。要能成为一本传记，一定要有足够的题材；可是，在舞台上亮相十五分钟的人，不太可能成为传记的主人翁，却可以成为千百字讣闻的主角。

还有，因为讣闻涵盖面非常广，所以读者经常可以看到因缘际会、一闪而逝的人生曲折。（第二次世界大战末期，一架皇家空军战斗机在敌人境内被击落；飞行员迫降后，不但没有被俘，反而面对一大群要向他缴械投降的德军。）这些题材，或者令人会心一笑，或者引人热泪，都有抚慰心灵的作用。

而且，讣闻版对教育学术、文学艺术和从事其他冷门活动者的报道，以及对那些不是最耀眼的星星所作的描绘，等于是反映和肯定了社会的多元价值。多元价值，当然是维持社会稳定的重要支柱。

最重要的，是讣闻版的内容扩充了读者的人生体验。每一篇讣闻，都是有血有肉的一生；读者虽然隔了一层，但也等于是经历了类似的轨迹。由其他人的生命历程里，读者得到启发，也得到提醒。当他们面对自己的人生时，或许可以有比较清楚平实的取舍。

既然含有这些丰盛的意义，讣闻版广受读者们喜爱，当然也就不足为奇。不过，是谁让讣闻版成为今天的模样呢？

从1830年起，《泰晤士报》就刊载讣闻，到1920年开始有专人处理；可是，讣闻版里，尽是达官显要的消息。1956年是转折点，当时的总编辑任命柯林·华森（Colin Watson）为第四任讣闻版主编，并且告诉他：污水处理厂最基层的小主管一死，自动有一则讣闻；可是，作家学者们过世，却只字不提——这说不过去！

华森改变做法，不但大幅扩充讣闻所涵盖的层面，而且建立了数千个人名档，随时增补数据，预为之计。但是，即使如此，还是有措手不及的时候。他印象最深的，是肯尼迪总统意外遇刺。他整夜没睡，赶出一篇备受好评，但是他自己却谦称"差强人意"的讣闻。

在华森前后二十六年的刻意经营之下，《泰晤士报》和其他英国报纸讣闻版的风貌从此为之一变。过去是官式公告，今天成为刻画大千世界、反映时空变迁的重要记录。而且，报纸的讣闻版已经成为英国文化里很特殊别致的一环，注定要传之久远。

柯林·华森，生于 1919 年 5 月 15 日，卒于 2001 年 1 月 6 日，享年八十一岁。他的生平，登在 1 月 9 日《泰晤士报》的讣闻版。

# 无所不在的阶级

来英国之前，只知道这是个保守而重视传统的国家，没听说过有"阶级"（class）的问题。到英国之后，常听这个词，也常在报章杂志上看到这个词。可是，在生活经验里，我却无法察觉或体会阶级这个概念。

同住的房客乔伊说，不怪你！他原籍印度，大学毕业后，到美国拿到物理学位，再到牛津来从事研究工作。他说，到英国五六年之后，才能清楚地体会阶级的意义，也才能分辨出他所面对的，是哪一个阶层的老英。现在，只要眼前的老英一开口，他就知道此君（此姝）是何方神圣：是属于上流（贵族）阶级、中产阶级还是下层社会。

据他表示，除了发音之外，不同阶级（阶层）的人，在讲话神态、表情、举止上，都有微妙但显著的差别。可是，属于不同的阶级，又怎么样？——影响可大了！我听到看到的诸多故事里，印象最深的有这两桩。

一位英国驻中国的大使卸任后退休，受聘为牛津大学某学院的院士；不久，大陆的一位学者旧识来牛津游学，大使请他到家里用晚餐，约好时间地点。当天下午，大陆学者碰上一位老英，两人相谈甚欢。近晚餐时，学者以传统华人待客的热诚，邀这位老英一起赴约。

开门的大使（是一位爵士），一点都没有不悦之色；他要仆人加了座位，排了餐具，再请学者和不速之客入座。但是，整个用餐过程，主人没有看自己的同胞一眼，也没有和他讲半句话！

学者觉得很奇怪，但是大使认为理所当然；他对那位老英同胞透露出的信息很清楚：你我是不同阶级的人，怎么能坐在一起用餐。我的朋友不知道情有可原，因为他是外国人；但是，你，不该不知道（分寸）！

另外一件，有不同的趣味。一位上流社会的名媛，穿梭于社交圈，也为报纸写专栏，专门报道有闲阶级的动态。有一次她参加宴会时，一位专为名人雅士服务的摄影师前来寒暄；名媛字正腔圆、抑扬顿挫地当众告诉他："我的摄影师（知道分寸）从不在宴会里跟我说话！"

造化弄人，一年之后，摄影师竟然和玛格丽特公主——今上伊丽莎白女王的妹妹、最近因病数次进出加护病房——结婚，成为驸马爷，自动受封为"侯"（Lord）。名媛懊恼不已，据说踢了一整个下午的纸篓出气。不过，她不改傲慢势利习气；往后数十年，照常报道公主的行踪，但是从来不提驸马爷半个字！

这是两个比较特殊的例子，但是并不算是极端，因为，类似的情况，即使程度较轻，还依然存在。不过，由一个旁观的、社会科学研究者的角度来看，对社会现象作价值判断并不重要；重要的是一旦发现了特殊或有趣的社会现象，要试着回答三个问题：一、促使这个现象出现的条件是什么？二、维持这个现象的条件又是什么？三、哪些内在或外在的因素，会使这个现象发生变化？当然，在观察英国的阶级问题时，有一些类似的情形，可以作为参考。譬如，美国原有的黑奴制度，印度现在还维持的种姓制度，还有南非最近才挣脱的隔离政策。

如果把焦点放在第二个问题上，那么几乎所有的矛头都指向英国的私立学校。这些收费昂贵、旗帜鲜明的私立学校，称为"公学"（public school），譬如，有名的伊顿公学。可是，明明是私立学校，为什么称为公学呢？——真正的公立学校，称为"政府学校"（state school）。

有两种解释，都言之成理。在历史上，最早当然没有任何学校，有钱有势的贵族们，花钱请家庭教师。慢慢的，变成几个贵族出钱，共同请一位家庭教师。最后，才演变成学校。和私人的家庭教师相比，学校的公共性当然比较高。另外一种解释，是读这些公学的青少年，都是社会精英，将来多半要担任公职，为公众服务。因此，这些学校，等于是培育社会领袖人才的摇篮；为公而兴学，称为公学。

经过长时间的熏陶，公学的学生（很多是长年住校）养成一种重视独立、讲究纪律、强调荣誉的习性；更重要的是他们讲英语时的口音，是一种特别的、有点做作的腔调。当他们要进大学时，会进最好的大学；离开学校时，凭着这一路上来的资历，会自然而然地踏入社会的上层——因为，掌握政治金融大权的，就是同为公学毕业的学长。学长们只会照顾自己的学弟，而不会轻易让非我族类的人打进小圈圈。周而复始后，自然而然地维系了社会上一小撮特殊阶层。

因此，许多人认定，公学是支撑和维系阶级最重要的条件。可是，公学的毕业生，到底享受到哪些特殊待遇呢？简单的一个数字可以佐证：即使在1995年左右，牛津大学在筛选新生时，还是有明显的差别待遇。公学毕业的申请者，录取的机会是二分之一；相形之下，其他一般学校毕业的申请者，只有三分之一的机会被录取。看起来差异似乎不大，但是英国只有二百所左右的公学，可是却有上千所一般学校。因此，就整个人口来看，公学毕业生上牛津的比例，要远超出其他政府办的学校。

有人认为，过去社会变动很慢，也许公学招牌确实有用。可是，在信息和网络时代，靠的是才华而不是出身，阶级早晚会被打破。确实，在英国有许多网络新贵，都不是公学的毕业生。有趣的是，一旦他们腰缠万贯之后，马上把自己的孩子送进公学！

既然公学是一切罪恶的渊薮，有没有办法废掉公学呢？当今英国商界政坛里，自首相布莱尔（T. Blair）以下，放眼望去尽是公学毕业生；要改弦更张，谈何容易。不过，由另外一个角度来看，废掉公学，一定就能解决问题吗？

# 小范围和大范围里的正义

为了追念特殊的人或事，牛津大学法学院设了好几个"纪念讲座"，每年请知名学者发表演讲。克莱瑞顿纪念讲座（Clarendon Lecture），是在 1995 年成立，由牛津大学出版社出资赞助的。当年，名闻大西洋两岸法学界的大师波斯纳（Judge R. Posner）法官 / 教授担任第一次主讲，讲题是"英美法学理论和司法体系的比较"。

波斯纳除了文采过人之外，辩才无碍；接连三场演讲，内容精辟，掷地有声，波氏风采风靡全场。多年之后，我还听到不止一位牛津法学教授，提起当年波斯纳的演讲。讲辞经过润饰，由牛津大学出版社以专书出版。发表演讲之后，波斯纳也曾到位在伦敦的皇家法院参观，并且实地旁听一场审判。这一段，波氏也稍作描述分析，成为书的附录。

前一段时间，我有事到伦敦一趟，办完事后，一个人坐地铁，按图索骥，找到位在大英博物馆附近的皇家（上诉）法院。当天，大概要审理或宣判的官司有新闻性，所以法院外已经有摄影机和媒体守候。

进了大门，要先通过金属侦测门，才能进大厅。到服务台问明方向后，我到刑庭去旁听。在一个典雅的长廊旁，是一排法庭，同时开庭审理上诉案件。法庭大小不同，但是里面的摆设大致相同。三位法官席高高在上，面向律师和旁听席；背后墙壁上，是一大片圆形的大理石浮雕。法官的左侧或右侧，有一个木扶手围起的地方，留给提出上诉的人；法官席下，有记录等其他法庭工作人员。法官、辩护律师和大部分工作人员，都身穿黑袍、头披假发。

审判开始，在执事示意下，提出上诉的人由法警陪同进入，查验身份后坐下；这时，辩护律师起立，说明上诉理由。法官听完后，可能问几个问题，律师敬谨地回答，言必称"大人"（My Lord）。法官彼此坐得不远，可能交头接耳一下，马上宣布判决。稍微麻烦的案件，法官退入后面的休息室，讨论之后，再重回法庭宣判。整个过程非常明快，但是很讲究礼仪。法官进出，全体人员都要起立；律师离开法庭时，会面向法官、欠身致意后退出。

我听的几个案件里，两个维持原判；另一个是超速过失致死，初审判四年半徒刑。辩护律师成熟老到，陈述理由之后，动之以情：庭上，这个年轻人一向表现良好，一时大意，犯下大错，事后悔恨不已。今天，他的父母、未婚妻都来到法庭——说到这里，律师转身朝家属们看了一眼——希望他能得到庭上的宽宥，有自新的机会。法官退庭几分钟后，回到法庭宣判：推翻初审判决，改判三年。

在另一个刑事庭外，临时加装了一道金属侦测门，还有好几个警察穿了防弹背心，持短冲锋枪来回走动。警察仔细检查我背包里的东西之后，才让我进去。进了法庭才发现，这是关于犯人越狱的案件。上诉人大概不是简单人物，身旁除了法警之外，左右紧坐了三个人戒护。

法官席的上下临时放了大小两个电视，律师播放越狱当时的录像带；五个犯人，利用梯子攀上高墙，翻过铁丝网，再顺绳索依次滑下。到第四个犯人落地时，狱方的人员和警犬出现，开始前后追逐。法官非常注意细节，所以录像带反复以慢动作回放……

波斯纳在书里提到：英美两国的法官，在角色上有很大的差别。在美国，法庭里的重头戏，是由原告和被告的律师分庭抗礼；法官维持中立，基本上是旁观的裁判。在英国，法官却积极地参与，直接追查案情的曲折。我走马看花地旁听几个小时，了解的当然只是皮毛。不过，我也感觉得到，法官确实是整个审理过程的重心所在。还有，因为英国法官负荷较重，所以对于律师等其他司法人员的需要减少。因此，整体来说，在人力运用上，英国司法体系要少于美国的司法体系。

此外，波斯纳也作了许多其他方面的比较，希望突显英美两国司法体系的差别。譬如，经过统计分析，他发现：在判决书里，美国上诉法院所引用过去的判例，平均只有十年之久；相形之下，英国上诉法院所引用过去的判例，平均却是二十八年。因此，这反映出美国的司法变化较快，过去的判例很快就不再适用；对照之下，英国的司法较稳定，变化较慢。

由很多面向上，都可以看出英美两国司法体系的差异：在美国打官司比较贵、英国司法体系规模较小；在美国法官介入审判较少、英国司法程序较重礼仪等等。不过，由这些盲人摸象式的差异里，却很难归纳出一个整体的结论。而且，读波斯纳的书，不自主地会在脑海里浮现一个问号：到底哪一个司法体系比较好呢？当我在皇家法院的长廊里穿梭时，又想起这个问题。

要回答这个问题，当然必须有一个最高层次的指针，才能比较和分出高下。可是，评估司法体系这么庞大的结构，要采用哪一个指标呢？个人权益受保障的程度、官司的多少、司法体系所耗用的资源等等，都是可能的指标；而这些指标之间，很可能是彼此冲突的。因此，采用不同的指标，会得到不同的结论。如果不考虑整体，而着重单独的面向（譬如，英国律师少而美国律师多），当然容易作比较，而且可以分出高下。可是，如果只根据片面的比较，就做出兴革的建议，那么，因为各个面向环环相扣，一旦调整某一个面向，几乎必然会牵动整个体系其他的部分。最后得到的结果，未必是当初所预料或所希望的。

事实上，比较两个司法体系的困难，也反映在对社会其他范畴的研究里。政治、经济、文化活动，都涵盖了广泛多样的层面；在整体上作比较不容易，而在局部论断是非，又可能是不见舆薪。

因此，不仅波斯纳在比较英美两国司法制度之后，很难提出对英美任何一方而言有说服力的兴革建议；对所有的社会科学研究者而言，在作整体比较分析时，都会面临同样的问题。也许，当处理的问题范围扩大时，重点不在做整体的论断；由多种角度作对比分析，增添智识上的兴味，可能更为重要。而且，即使经由比较对照，而尝试做局部调整时，也只能步步为营，尽力而为！

对波斯纳法官而说，要裁决个别案件不难，要论断英美司法制度的走向却不容易。对个人来说，要决定自己的取舍容易，要认定社会该有的抉择，恐怕也就需要再思三思吧！

移动照明篇

# 穿越时空而来

"你到英国之后，感触最深的是什么？"好几次，我问到牛津来读书或研究的人。

一个挪威来的研究生说，他觉得最大的差别是房子的结构。挪威纬度高靠近极区，温度常年都很低。因此，房子的墙壁特别厚，而且一般而言不会开窗户。看到英国人常把窗户打开，让空气自然流通，他觉得很惊讶。

印度来的一位历史学者告诉我，他觉得最不一样的，是家庭关系和一般人之间的交往。在印度，每个人都是活在绵密的亲戚宗党网络里，而且，即使和不认识的人相处，也会自然而然地表达感情、分享彼此的情怀——我们在一家印度餐馆吃饭，他没两下就和印度老板无话不谈，热切得很。相形之下，他觉得英国人的家族关系似乎很淡，而一般人之间更是冷漠得很。

我自己呢？我觉得，最大的差别是英国人的"历史感"。要具体说出什么是"历史感"，并不容易；不过，由一些事例上，约略可以捕捉那种感觉……

刚到牛津时，在书店里买了一本亦正亦邪、有点后现代颠覆味道的《牛津指北》（*The Cheeky Guide to Oxford*），发现一则有趣的故事。圣灵学院（All Souls College）是牛津最古老也最负盛誉的学院之一，建筑和草坪都令人屏息赞叹，而且，这个学院很特别，不收学生，只有学究和院士。1440年左右，在为这所学院奠基时，原来栖息在水沟里的一只野鸭受到惊动，振翅高鸣，凌空而去。

从此，在每一个世纪的第一个万灵日（新世纪的头一年、一月的第二个礼拜六），院士们就着礼袍戴礼帽，以盛装行古礼如仪。晚餐后，在昏暗的夜色里，由野鸭伯爵（Lord Mallard）——为这个仪式特别册封的头衔——带头，道貌岸然的院士们在学院里上上下下、前前后后，一起去找那只现在不知藏身何处的野鸭。忙乱一阵、确定落空后，大家再一起合唱一首野鸭歌。因为歌词过于喧嚣鄙俗，所以学院从来不公开内容。

二十一世纪的第一个万灵日，是2001年1月14日。当时还提醒自己，不要错过这个百年仅见的仪式。没想到，后来还是忘了。事后，报纸上的描述是：当晚，学院外聚集了大批的学生和民众，但是不得其门而入，因为学院紧锁大门。只听见里面人声鼎沸，几支火把在夜空里舞动，夹杂着吆喝、笑闹、脚步、推挤的声音。好一阵热闹之后，学院里传来五音不全、几不成调的合唱，再以一连串的烟火结束。一位参加的院士表示，上一次仪式时在场的人，现在都不在了，所以，一切只好照书上记载，依样画葫芦。野鸭歌的歌词不登大雅，唱起来觉得傻里傻气，下次不想再参加了！

不过，历史不只反映在典章制度、建筑文物和习俗礼仪上，历史在生活里也随处可见，历史就在你的身边。

在离牛津不远的地方，有一个小火车站。月台上，玻璃柜里有只黄狗的标本，栩栩如生。第一次世界大战前，这只狗在车站里进出，很受员工和乘客喜爱。后来，它还负起责任，背着皮制的募捐袋，为员工福利基金向往来乘客劝募。死后，站里员工请专人把它做成标本，身上还背着当年的皮袋。

牛津大学公园的草坪上，有一些长椅，多半是校友和社会人士所捐赠；长椅上，往往有块铜牌，记载捐赠者姓名和缘由："在生前，玛吉和德瑞克很喜欢这几条步道"；"在这个公园里，比尔和苏芮曾经度过许多愉快的时光"……

我每天接送孩子上下学时，都要穿过一个小公园。有一天雨后经过，发现入口的地面有一块石板，雨水把泥土冲开，上面的字若隐若现。我仔细一看，上面写着：有三十年的时间，查理·艾尔顿（C. Elton）细心照顾这个公园。查理·艾尔顿，1900—1991年，生态和环境保护的先驱。

过去读制度经济学的文献时，也可以清楚地感受到"历史是有意义的"这个理念。可是，当自己真正置身在一个点点滴滴都是历史和掌故的环境里时，那种感觉，可要比由书上读来的智慧更直接、更深刻。

在生活里看到代表历史的点点滴滴，让人有一种安全感；知道前人的所作所为，等于是有一套脉络可循，有现成的参考架构。因此，即使现代社会变动很快，但是毕竟不是天天有动摇天地的新生事物，所以，历史提供了生活秩序之下、一种稳定的底层结构。

而且，被保留下来的痕迹，不论大小，多半是懿行或是美事。这些事迹，反映了由漫长的时间过滤之后，所保留下来的结晶。对于后来的世代，有一种示范和启迪（或提醒）的作用。面对这些经过世世代代、被有意留下来的足迹，人们往往变得比较平实、比较谦逊。

当然，生活在由过去所形成的网络里，并不全然都是福气。因为有先人遗泽可以遵循，所以可以照章行事，即使是知其然而不知其所以然。而且，时空变迁以后，可能还缅怀过去，甚至是活在过去。还有，因为几乎一切都有轨迹或传统可循，所以不太会有突破创新的念头——最好永远是天佑吾王、日不落国！

因此，历史似乎同时具有两种特质：一方面由过去所累积下来的资产，另一方面又是由岁月所形成的束缚。可以依恃，也可能会受到限制；可以利用，也可能因而被牵绊。

不过，最重要的，也许是由耳闻目见里，每一个人和遥远的过去联结起来。人的生命和经验，不再是限于数十寒暑，而是经由历史延展和拉长。过去千百年的兴衰起伏，穿越时空而来。因为，历史不仅呈现在周遭的环境，好像还在空气里飘浮，除了举目可见之外，似乎在呼吸里都感觉得到。

对有些人来说，"活在历史里"是一种贬抑；对我来说，在英国感受到的，却是一种不易捕捉、又难以言喻，但是很别致、也很动人的情怀。丰盛的历史，固然是整个社会的资产；不过，事实上，每一个人也都享受到这些千百年来所流传下来的宝藏。

我觉得，在某种意义上，所有的英国人都是含着银汤匙出生！

# 谁又知道谁的心

这件官司有点荒唐，比较像是美国电视里肥皂剧的情节，而不像是会发生在英国这种含蓄保守的社会里。

一位五十余岁、身为国际公司高级主管的约翰（假名，因为官司牵涉未成年人，除非法院特许，否则依法不得公布相关人物的背景和身份），控告自己的"伙伴"（partner）有意欺骗，要求二十五万英镑赔偿损失。

约翰多年前离婚，有两位已成年子女；大约八九年前开始，和一位年轻女子丽莎（假名）交往。七年前，丽莎告诉他，自己怀孕，而且是他的孩子。约翰有点惊讶，因为他曾做过输精管结扎手术。他求教于医生，医生表示：即使动过手术，还是有可能百密一疏。他相信医生，也深爱丽莎，所以就坦然接受，而且决定共同生活，成为"伙伴"——这是目前英国的用法，适用于同性恋和没有完成法定程序的配偶，是很中性的措词。

没有多久，强尼（假名）诞生；约翰非常高兴，也重新享受当爸爸的乐趣。而且，因为自己现在年龄较大，经济条件优渥，时间也多，所以更是竭尽所能。他陪儿子玩闹，陪儿子成长，觉得日子过得很充实。不过，在孩子四岁左右，他开始有种奇怪的感觉。他总觉得，强尼不像前面的两位子女，好像和自己就是不亲，似乎总有种莫名的隔阂。

孩子六岁时，丽莎决定跟他分手，而和她青梅竹马的爱人结婚。两人好聚好散，约翰把房子和保时捷跑车都给了丽莎，并且约定，强尼平时和妈妈住，假期时再过来和爸爸在一起。有一次强尼来时，约翰终于忍不住，把强尼留在球衣上的一根头发，送去检验。DNA测试的结果，证明强尼不是约翰所生！虽然他早有预感，但是一旦真正面对事实，还是大受打击。

约翰的情绪很复杂，剪理不清：他还是很喜欢强尼，而且他认为，如果一开始就知道自己不是强尼的父亲，他还是会同样爱他；可是，他又觉得很懊恼，自己付出真心真意，没想到却一直是蒙在鼓里似的，把情感用在别人的骨肉上。他觉得，一切都要怪丽莎。强尼是谁的孩子，显然她自始至终都一清二楚。当初丽莎找他，当然是因为他有钱有闲，适合当冤大头，可以陪她渡过难关。

因此，约翰发现，自己好像是在别人安排的戏码里，尽心尽意，但其实是糊里糊涂地跑了好几年的龙套。想清楚之后，他向法院提出告诉，控告丽莎以欺骗而得利。当然，他也知道，无论如何这个官司一定会伤害强尼。可是，如果他就此罢休，他会永远愤愤不平。

约翰才提出告诉，离开庭审理还有一段时间！而且，宣判之后，可能还会上诉。距离尘埃落定，恐怕至少还要两三年的时间。不过，尘埃会怎么落定呢？

无独有偶，前一段时间，主要媒体都以逸闻的方式，报道了美国的一件官司：安娜·史密斯（A. Smith）——真名——曾经是《花花公子》的当月玩伴（封面女郎），后来辗转成为一名脱衣舞娘，和稚龄的儿子相依为命。造化弄人，德州石油大亨、亿万富豪马歇尔二世（J. Marshall II）和她偶然相遇，陷入热恋而后结婚。1994 年两人成婚，除了有麻雀变凤凰的喜剧成分之外，还有一点特别——新郎 89 岁，新娘 26 岁！

富豪的子女慌成一团，他自己却非常笃定，充分享受迟暮之恋的乐趣。一年半不到，富豪过世；根据遗嘱，新寡的少妇可以得到遗产的一半，不多不少，四亿八千万美金。其他子女（由富豪 61 岁的长子也就是安娜的继子领衔）提出控告，认为富豪受妖娆舞娘所蛊惑，两人毫无真情可言，一切只是为钱而已！

初审判决，寡妇依法继承一半遗产；子女不服，提出上诉。这个案件，虽然和英国的案件有很大的差别——英国的女主角没有上过《花花公子》，男主角也只有保时捷——可是，在某种意义上，却有一些相同的成分。

两件纠纷里，都有不当得利的意味；两份感情里，都有人宣称含有不实在，甚至是有意作假的部分。不过，在两个官司里，要证明"造假"都不容易：英国的丽莎可以表明，自己真的以为怀的是约翰的孩子；或者，虽然自己明知不是，可是深爱约翰，认为将厮守终身。美国的安娜更是振振有词，年龄不是问题，情投意合最重要；她和他一见钟情，现在还深深爱自己的亡夫！

对一般人而言，这两桩人伦曲折，都违反常情常理，因此，即使不能明确地指出是哪个地方出了差错，但是似乎味道就是有点不对。可是，由当事人的角度来看，却又是另外一种思维。当丽莎发现自己怀孕时，自然希望为自己和将诞生的婴儿，找到栖身之处。当安娜发现有大富翁关爱时，也自然希望为自己和幼儿挣脱原来的处境。每个人设身处地想想，难道不都会有类似的考虑吗？

而且，在婚姻或伙伴关系里，几乎必然同时含有感情和实际的考虑。两者的比例、真假，最好由当事人自己决定，而不是诉诸客观的尺度。如果只允许真正的感情，而不容许其余因素掺入，那么，大概谁也不能和迈克尔·杰克逊或比尔·盖茨结婚。同样的，当年肯尼迪不该和杰奎琳走进礼堂，查理王子和黛安娜王妃从开始就踏出了错误的第一步。这种推论，显然不能自圆其说。

在比较抽象的层次上，法院本身也必须考虑，处理这些人间悲喜剧所隐含的成本效益。如果法庭判约翰和富豪的子女胜诉，好像伸张了正义，让处心积虑、居心不良的虚情假意不容于天地。但是，这种判决，马上打开了很大的一扇大门。不但感情变质之后，配偶伙伴之间可以互告欺骗感情，朋友同事之间也可以为交往关系兴讼。人与人之间亲密、微妙、曲折、多变的关系，都要在法庭上摊开来，列举证据。这对司法体系来说，是多么大的负担！而且，以后人与人之间的交往，不就变成步步为营、处处预留痕迹（后路）——这是我们希望看到的发展吗？

相反的，人与人之间的交往，最好（在相当的程度上）由当事人自负其责。如果法院最后裁定，约翰和富豪的子女败诉，等于是放出了很明确的信号：这么一来，其他的约翰们，可以在当初就检验血缘；其他富豪的子女们，也许会花更多的心思在寡居的父母身上，帮他们找更合适的伴侣。长远来看，这不是比较好吗？

两件官司引发的法律问题虽然棘手，但是比较起来，法律所无法处理的其他问题，可能更引人深思：谁能说清楚，到底什么是父子之情，什么又是夫妻之情？

# 英国风味调

罗纳德·科斯（R.H.Coase）得到诺贝尔奖之后，亦敌亦友的波斯纳法官（Judge R. Posner）发表了一篇文章，名为《科斯和方法论》。

在文章里，波斯纳指出科斯作品的特色，是他不喜欢数学，也排斥抽象的模型或理论。这和时下一般经济学者用大量的数学，当然有很大的差别。不过，波斯纳出人意表地认定，造成科斯在论述上特立独行的原因，是他的"英国风格"（Englishness）。他认为，在英国的文化里，就有这种重实际而轻视抽象理论的传统。

文章发表之后，专攻方法论的欧洲学者麦基（U. Mäki）不平而鸣，发表了《反对波斯纳批评科斯排斥理论》（"Against Posner Against Coase Against Theory"）。行家出手，当然论述有据。不过，关于科斯的"英国风格"，他却完全没有处理。

可是，到底什么是英国风格、英国调调、英式作风、英国味呢？来英国这半年以来，这个问题总不时会在我脑海里浮现；而我也一直觉得，不能非常明确地铁口直断——英国调调就是什么！我曾接到科斯的亲笔信（他 1910 年出生，当时已经年过 90），这个问题又变得加倍鲜活。

不过，对这个问题有兴趣的，似乎不止是我一个人。曾经得奖的小说家卡特莱特（J. Cartwright），在南非长大，再移居英国。他就曾经以一系列的文章，希望能捕捉住"英国味"的精髓。

他提到，北部的苏格兰人和南部的英格兰人之间，似乎长久以来有一种微妙的情结。"苏格兰人口头上宣称自己比较优越，但是心里却并不真的这么想；相反的，英格兰人口头上不说自己比较优越，但是心里却是真的这么想。"

不过，除了借着这种地域间的差异，希望能烘托出英国风味的某些成分之外，他并没有具体地勾勒出到底什么是英国风格。他一再强调，因为曾经有过辉煌的历史，所以英国人普遍都认为，自己是属于很特别、为上苍所眷顾的一群。不过，有这种感觉的，大概不只是英国人；问问法国人、印度人或巴西人，他们是不是也有类似的情怀？

在文章里，他引述法国文豪伏尔泰（F. Voltaire）对英国的评语：英国，像是一大桶精酿的啤酒：最上面是华而不实的泡沫，桶底是苦涩的残渣，但是两者之间的那一大截，真是好得不得了！这个比拟，除了反映很多人对皇室贵族的看法之外，其实并没有太多其他的内涵。似乎，要捕捉那种属于英国人所特有的调调，并不容易。

我觉得，英国人很客气，但是客气和讲究礼数，似乎有一点差别。几年前到西班牙开会，有天下午我坐在游览车里，看到旁边人行道上，两位戴帽的老者迎面相遇。他们应该都已年过七十，而且显然是旧识。

当他们走近时，两人都先用右手摘下自己的帽子，再把帽子由右手换到左手；然后，再伸出右手紧紧相握。整个过程自然而然，一点都没有矫揉造作。我从来没有看过这么纯真、但是又如此典雅的礼节。那一幕，永远留在我的记忆里，鲜明无比。相形之下，英国人的举止，是长期熏陶下所养成的习惯，但是客气、形式的成分比较多，尊重敬意的成分并不明显。

还有，过去在美国读书时，我很喜欢看新闻节目。因为三大电视网之间竞争激烈，非常重视实时新闻和现场报道，因此几乎是在全球各地都设有据点。一旦有特殊事件发生，即使在某个偏远的角落，都很快会有现场联机。只见摄影棚里的主播和已经身处现场的记者，透过电话或画面，把最新动态带给电视机前的观众。

当时，我深深地感觉到，美国真的是世界的中心；不只本身的作为动见观瞻，对于地球上其他地区的动静，都能无远弗届地伸出触角。

对比之下，在英国这几个月里，我却丝毫没有这种感觉。在课堂上，倒是在提到一些历史事件时，教授们会稀松平常地带过："那是在城里发生的！"（That was down in London！）不过，今非昔比，现在呢?

虽然之前英国也签署了《欧洲人权公约》，承认在本国法律之上，还要受到更高层次法律的约束；可是，当年，英国对于加入欧盟后，要不要也接受欧元作为共同货币，却反反复复，犹豫不决。后来，内阁里增设了一位"欧洲部长"（Minister for Europe），推动和欧盟的关系。可是，除了刚开始时五分钟的喧闹之外，现在似乎无声无息。如果问英国人，可能很多人不知道有这么一位部长。

和历史上国势最盛、英皇旗帜飘扬五大洋时相比，甚至和第二次世界大战结束时相比，英国的影响力已经明显地在走下坡。当然，在重要的国际组织或多边会议里，英国都还是一分子；不过，对英国人来说，与其说是希望在这些场合里举足轻重，不如说是深怕被忽略，没有在这些重要的场合出现——面子可能比里子更重要。

另外，和其他主要国家相比，美国想要维持领袖身份、日本想要争取国际地位、德法想要主导欧洲，英国却好像一艘失去方向的豪华客轮——有足够的架势气派，但是却不知道自己要航向何处。

也许，现阶段的英国风格，就是这些复杂因素的糅合：曾经辉煌过，因此有相当的自信；拥有稳健的典章制度，因此要守成绰绰有余。在没有找到明确的目标或方向之前，是处在一个沉潜和蓄势的阶段；利用这段时间，可以怀疑、自省、斟酌、摸索。而所谓英国风格的内涵之一，就是在这个过程里，保持着一种有意无意的自我节制和矜持。

当然，这个层次上的英国风味，和波斯纳帮科斯戴上的（高）帽子，有一段距离。波氏认为，在英国人的性格上，有一种务实而排斥抽象理论的特质；这种特质，会普遍反映在各种行为上。

从学术的角度上来看，至少在经济学的范围里，波氏的见解确实有一得之愚。由英国出版或主导的学术期刊里，对于实际经济问题和政策的讨论，总是占了相当大的篇幅。因此，理论的发展，确实是为了解决现实问题，或是由现实问题所引发，而不完全是学者们自得其乐的益智游戏而已。因此，"重实际而轻理论"其实是恭维，而不是贬抑批评。不过，即使如此，这种特质，恐怕也只是英国风格的成分之一吧！

　　在来英国之前，曾经碰上一位旅居伦敦数年的朋友，我问他："一言以蔽之，英国是什么？"他想了一下，重复了两次："谜样的地方，谜样的人！"对我来说，浓雾也还没有散去。

# 英国的城堡

英国有很多城堡，因为英国人常说："家，是一个人的城堡。"不过，城堡似乎还有其他的意义。

在一年岁末的圣诞节晚会，谐星憨豆先生（Mr. Beans）上台表演时的开场白是："对很多人来说，家是一个人的城堡；但是，对有些人来说，城堡却（真的）是一个人的家！"说到这里，他微微转身，向坐在皇室包厢里的查理王子瞧了一眼。对于这个谑而不虐的调侃，观众们自然都是会心一笑。

确实，在英国现有的几百座大小城堡里，有许多还是一如往常，是皇室贵族或巨富们的豪宅。不过，也有许多著名的古堡，在物换星移后，由灿烂而归于平凡，变成公益基金会的财产，而成为观光胜地。

到英国这几个月以来，我们也参观过一些城堡，包括名相丘吉尔的诞生地布莱尼姆宫（Blenheim Palace）、女王的离宫温莎城堡，以及主人号称是"国王推手"（the Kingmaker）的沃维克城堡（Warwick Castle）——在他的合纵连横之下，英皇爱德华四世（Edward IV）和亨利六世（Henry VI）的皇位，先后得而复失、失而复得。

　　站在城墙上，由里往外、由高往下看，视野非常辽阔。而且，也可以想象兵戎相见时，两军攻守的情景。有了城堡的依恃，城里的人当然占了相当的优势。不过，易守难攻也不保证永远无忧，历史上多的是被攻破、甚至是被血洗的城堡。无论如何，每一座城堡都像是一部还没有写完的历史，记载了过去的悲欢离合，也继续默默为周遭的一切作见证。

　　除了这些发思古之幽情的城堡之外，我觉得英国还有另外一种城堡——不是每一个人的家，而是每一个人自己，就是一座小小的城堡。每个人好像都在自己的四周，设下了一道无形的屏障；看不到摸不着，但是感觉得到。除非主人从城堡里出来，否则大门紧闭，外面的人进不了城堡。

　　酒馆通常是很喧嚣嘈杂的地方，各种年龄和职业的人都有。可是，在酒馆里，经常看到有些人，一个人买了杯啤酒，就站在吧台的旁边，自斟自酌。一站就是一个小时，表情木然，不知道心思何在，而且，摆出来的姿态，就是不搭理人，也不希望被干扰。因此，可能两个人肩膀相依很长一段时间，但是彼此始终不发一言，甚至不看对方一眼。

　　这种有意无意雕塑出的含蓄、冷淡、距离、界限，已经成为一种习惯。打电子邮件给老英，通常不会马上回，总是要等上个两三天；约时间喝咖啡谈天，最好是下个礼拜再碰面。

　　来英国之前，我送了一则短信给"烟斗族网站"，表示将到牛津，不知道附近有没有同好云云。三个月之后，接到一封电子邮件，信里表明：已经叼了近二十年的烟斗，最喜欢皮特森

（Peterson）这个牌子，自己就住在牛津附近，等等。

我第二天回信，表示很高兴收到他的信息；既然他住在附近，也许哪天我们可以在酒馆里碰个头，一起谈谈烟斗经。信送出之后，如石沉大海，从此音信全无。当时觉得奇怪，现在我大概知道原因——我的回复不够含蓄，可能太晓白率直了一点。

无形的城堡，等于是在人与人之间，有意地设下了一道藩篱；就像砖石打造的城堡一样，如果主人不开门迎客，那么就是维持城堡里城堡外两个世界。但是，这种无形的城堡，本身就含有一种矛盾和扞格的成分。在酒馆里，彼此相隔咫尺之内而距离千里之外，看来似乎是高度的自我节制、独立自主。其实，未必。如果真的是从容于独处，又何必到酒馆里来，挤身于人群和喧嚣里？

丘吉尔的名言"酒馆关门我就走"，不就意味着某种不愿意承担的孤寂吗？还有，在公园里，经常可以看到一个人牵着自己的狗，长时间地散步，不发一语。和酒馆里一个个的小城堡一样，这不也是有同样欲语还休、欲迎还拒的味道吗？

不过，英国人这种性格上不协调、自相矛盾的特质，也许有其他的含义。要盖一座雄伟壮丽的城堡，可能需要数十年，甚至上百年的时间。可是，要在一般人的性格里，普遍地斧凿出那道无形的城墙，显然需要更长更长的光阴。而且，必须世世代代的人，都接受和认同这种特殊的性格。在刚开始，可能只是历史上一连串的偶然；不过，随着内在和外在环境的变化，有一次又一次的机会可以转折而没有转折；被保留下来的，就很难说只是偶然了。

无论如何，英国人的这种城堡性格，到底有什么含义呢？最明显的，当然是一个人的自我节制。要维持城堡的疆域，自然要竖起高墙。因此，言行举止上的含蓄保守、有礼有节，正是要堆砌那一道城墙，好让其他人不能轻易穿越。

当然，自我设限是对自己的尊重，可是这种做法的另外一面，其实是对于其他人的尊重。因为，希望别人不要随便闯入自己的城堡，相对的也不能随便侵犯别人的城堡。

最重要的，也许是每个人由自己的亲身经验里，体会到人际之间的界限，而且，这种你我彼此之间的区隔，自然而然地延伸到群己和公私之间的分野。更进一步，由实际生活的体验里，每个人也都相信可以维持公私之间的分寸；也就是，某种客观、公平、合理的规则是可行的——抽象地看，这正是法治的基础。

一旦形成这些信念，或是只知其然的习惯，当英国人有机会飘落到其他土壤里去时，也会把这种性格和这种性格所支持的典章制度带过去。因此，论纪律英国人比不上德国人，论热情比不上西班牙人，论实际比不上中国人，论文化比不上印度人；可是，历史上多少国家有过殖民地，然而又有哪一个国家的殖民地，发展成今天美国、加拿大、澳洲乃至于印度、新加坡的模样？（相形之下，当美国人带着美式民主，硬邦邦地向世界各地推销时，却很少有成功的例子。）我很好奇，这是不是直接间接地和英国人的城堡性格有关？

因此，英语今天成为最主要的世界语，也许并不是因为这个语言本身的特色，而是和最先使用这个语言的人有关。更精确地说，是当初使用英语的那些人，在性格上发展出一些特别的成分，使他们能把这种性格和相关的种种，带到许多不同的角落，然后在别的土壤里发芽、生根、成长、开花、结果。

在英国，有很多城堡；除了几百座墙高数仞的城堡之外，还有五千万座左右、小小的、会移动的城堡……

# 义利之辨的曲折

　　法官问：什么是瓦威（Mwavi）？

　　上诉人回答：瓦威是一种药，是巫医用来测谎的药。如果一个人没有犯任何错，吃了瓦威之后不会死，只会呕吐；可是，如果一个人犯了错，吃瓦威之后就会死。我承认，我太太是服了瓦威而死，可是我认为我并没有杀她，我并没有犯罪！

　　这是几十年前，在一个英国所属殖民地小岛上发生的事。提出上诉的人，在初审时被判有罪。因为十一个子女先后过世，他悲愤莫名，因此强迫自己的两个太太、母亲和另外一个女儿，喝下瓦威。结果，其他人都没事（只有呕吐），但是大老婆却因而毙命。他认为，自己只是遵循族里的传统，希望知道子女的死是不是和谁有关，而并不是有意想害谁；自己是无辜的，所以提出上诉。

　　再审时，承审的法官斟酌当时刑法的规定：谋杀罪，是指被告有置人于死的意图，不论受害人是否真正死亡。可是，提起上诉的人，显然并没有置自己母亲、太太、女儿于死的意图；他只是根据族里的传统，希望知道自己子女的死因而已。因此，法官推翻原判决，裁定谋杀罪不成立。

以现在的眼光来看，瓦威试剂的做法有点荒唐，而引发的官司有点悲凄。不过，对当事人（包括被测试的两位太太、母亲和女儿）来说，可是恪守神的旨意，慎重无比。审理的法官，虽然只是根据"罪刑法定主义"的原则，作出裁决；但是，也反映了深一层的意义：当一个文化和另外一个文化接轨时，并不必然有高下对错之别；最好，是尽可能地容忍歧异，让各个文化依自己的价值体系来决定是非。

这是前一段时间看书时，在书里读到的故事。不知怎么，早上坐在教室里，听前面法学教授缓缓论述时，突然联想到这个故事。

到牛津之前，我曾读了一些法学方面的文献，也教过"法律经济学"的课程。对于法学，不能说没有最基本的了解。可是，现在想起来，当时看的那些数据，大部分是经济学者，或是采用经济分析的法律学者所写。因此，我觉得非常熟悉，而且理所当然。

到牛津之后，旁听了一些法学院的课，听法学教授们阐释，看课程指定的论文书籍。慢慢的，有种恍然大悟的感受——原来法律学者是这么看问题的！

英国，是西方法学思想的主要源流之一；特别是几百年来，累积了数目和内涵上都很可观的判例，形成了西方法学家所津津乐道的"习惯法"（Common Law）——不是议会所通过的法律，而是由历代判例所归纳成形的一套法理。

在英国，剑桥和牛津是执学术牛耳的顶尖学府。在有些学

107

科里（如物理），剑桥要胜牛津数畴；可是，就法学而言，牛津的阵容要强上一些。例子之一，西方法学界最古老、也最重要的法学期刊，一份是《哈佛法学评论》（*Harvard Law Review*），创立于 1887 年；另一份是英国的《法学论丛季刊》（*Law Quarterly Review*），创立于 1885 年——当初是由牛津法学院主导，现在还是。

因此，牛津法学院所代表的，不只是英国的法学思想，而且是英美等西方法学界的重镇之一。而法学院里的几位讲座教授（Chair Professor），更是身负重任——不但是这个重要学术传统的代表，更是把悠久传统延续和发扬光大的传人。

由旁听和阅读里，我慢慢体会出这个法学思维的主要内涵。以一个画家为例，一幅幅的画是他的作品；可是，要绘画之前，他的生活经验和自己的理念，是他构思的依据，也就是他所运用和依恃的数据库。对习惯法的法律学者而言，他们的资料库里，主要有两种材料：判例和先圣先贤的论作。

千百年来，英皇法庭处理过的纠纷不计其数。但是，其中最有代表性或最关键的一些，却逐渐成为重要的经典——不但是各级法院所引用的依据，而且成为法学论著和课堂讨论的基本材料。

而这些重要判例，确实有趣，反映了人类行为的多样和复杂，也突显了生活里某些不可知的成分。譬如，在 1647 年，发生了一件著名的官司：张三和地主李四签约，租一块农地，连续几年，张三都没有付地租，李四告到官府里。可是，张三振振有词：那块地，先被入侵的夷人用作军营，而后更成为两军厮杀的战场。面对这种情境，他该付地租吗？——如果答案简单明确，就不会成为几百年来激发想象和论辩的重要教材了。

在判例之外的主要材料，是历代哲人的思想精华。最常见的，是亚里士多德和柏拉图，再来是弥尔（J. Mill）和边沁（J. Bentham），然后是一些当代的哲学家。论述里如果没有引用一两句亚里士多德的话，好像不只是没有学问，而且是不符合基本的学术要求！

因此，一篇典型的法学论文，通常会有三部分：作者先根据主题，引述亚里士多德曾经有哪些哲言妙语。然后，后人作过哪些诠释，作者自己的修正和引申又是什么。最后，是引用著名的判例，以支持和验证自己的论点。

弄清楚了这种论述方式之后，老实说，我很惊愕。即使不考虑引用判例的曲折，依恃先圣先贤就有许多问题。试想，讨论法律问题或法学思想，为什么要以这些哲人的思想为基准点？

这些人活在千百年前，处在一个人际关系简单、社会问题单纯的环境里；他们的想法，能作为处理现代和后现代社会里错综复杂问题的明灯吗？而且，为什么以这些哲人的思想为标杆，而不是其他文化里同时代或更古老的智慧结晶？还有，为什么不以影响力更大的宗教教义为依归？

以亚里士多德为准、向他看齐的理由，是因为他是对的、影响力最大、智慧层次最高、学识最渊博，还是他是真理的代言人？

在学术思想上，这个仗其实在一二十年前已经打过，而且胜负已分。诺贝尔奖得主布坎南（J. Buchanan）在刚接触政治学的文献时，也有同样的惊愕。他认为，传统的政治学者，似乎都在找真理——一旦经由反思、论证、辩难，找到真理之后，会为所有的人服膺；因此，所有政治上的争议，会自然而然地消失。

对于这种千百年来，传统政治学者所深信不疑的论点，布坎南花了一二十年的光阴，终于逐渐说服大家：政治，并不是在找真理，而只是一群平凡如你我的人，一起处理一些公共事务，和真理或亚里士多德都无关。

当然，每一个人都是以自己的世界观为中心，而作出价值判断和取舍，情人眼中才会出西施。因此，什么是"瓦威"呢？瓦威，不只是考验真相的试剂；抽象地看，瓦威是传统法律学者笔下的亚里士多德，是经济学者所相信的经济理论！

# 说故事比赛

　　当初，朋友知道我将利用一年休假的时间，到英国游学，有的很羡慕，认为能到一个文化气息浓厚的地方待上一年，非常奢侈。也有的朋友很同情，认为好像是自我放逐到一个完全陌生的环境，过着修道院似的生活。

　　来这里半年以后，回想朋友们的话，觉得都有点道理。不过，我发觉，最大的感触之一，是在智识上有整理和反省的机会。而且，由牛津法学院的一些课程里，我确实吸收到许多养分。

　　在法理学的课堂上，已经任教超过半个世纪的老教授——眼光依然锐利、神情依然专注——用糖果机的故事当开场白，说明因果关系的含义：有一个糖果机，丢了铜板进去，有时候会掉糖果出来，有时候却不会有糖果掉下来；可是，如果不丢铜板，一定不会掉糖果。另一个糖果机，虽然不丢铜板，有时候也会有糖果掉下来；可是，如果丢了铜板，就一定会有糖果掉下来。

　　研究生们当然是目不转睛，全神贯注。老教授眼睛一亮，嘴角带着一抹慧黠的微笑：由这两个糖果机里，怎么分辨出"充分条件"和"必要条件"？

澄清了这个问题之后（第一个糖果机，丢铜板是掉糖果的必要条件；第二个糖果机，是充分条件），就进入更有挑战性，也更耐人寻味的故事里：张三不小心引发大火，烧掉自己的房子之外，大火也延烧到李四的房子；无独有偶，相隔不远的王五也引发火灾，也顺势烧到李四已经着火的房子。李四的房子被夷为平地，可是他该找张三赔，还是要王五也负责？

下一回合，张三和李四一起去打猎，听到草丛里一阵窸窣，以为是狐狸，就各放了一枪。王五由草丛里跌跌撞撞地出现，大腿中弹。几百年前，还没有弹道比对的事，那么，谁该负责？

最诡异的情节，是沙漠里的谋杀案。这一次，三个人结伴沙漠行，结果迷路，水壶里的水所剩无几。张三一心想害李四，所以就在他的水壶里下毒。王五不知情，但是也想谋害李四（此君显然人缘不好），一不做二不休，干脆把李四的水壶倒干。结果，李四因为缺水而送命；可是，如果王五没有动手，李四还是会中毒而死。那么，对于李四的死，张三要不要负责？

初听这些故事，以及读到讨论这些案例的论文，我觉得兴味盎然；谁是谁非的曲曲折折，也常会在脑里打转。可是，新鲜感一过，我却开始有一连串的问号。当然，最根本的问题是：这些故事，是法律学者用来阐释学理的材料；相形之下，经济学者所说的，又是哪些故事呢？

对法庭和法律学者来说，这些奇奇怪怪的案例，是呈现在他们面前，无从逃避的问题。即使事件本身离奇荒谬，他们也必须处理，而且还要编织出一套能自圆其说的逻辑。当然，这些极其特殊的案件，也促使他们的思维变得更缜密精致，或是引发了法理上新的见解。

可是，如果以这些极其少见、甚至诡谲无比的案例，作为法学理论的主要基石，等于是以特例来建构通则，以异常作为标杆。说得极端一些，这好像是以精神病患的行为为材料，发展出一套解释、甚至是规范其他一般人的行为规范！由逻辑和常情常理的角度看，都说不过去。

对照之下，我觉得经济学者所说的故事，要枯燥无趣得多；不过瑕不掩瑜，最大的优点，是经济学者的故事比较合乎常情常理，也因此而比较有说服力：在糖果的市场里，有些人想买糖果，这是需求；有些人想卖糖果，这是供给。供给和需求碰面，决定了糖果的价格，也决定了买卖糖果的数量。

追根究底，经济学者的故事就是这么平淡无奇。没有悬疑，也没有紧张；没有道德上的两难，也没有生命中的悲欢离合。然而，在这个简单的故事里，却蕴含着一些极其重要的理念。

在市场里，价格会影响买方和卖方的行为；这个现象，似乎卑之无甚高论，其实不然。这意味着人的行为，会受到诱因的影响：当价格低时，买方有诱因多买一些，卖方有诱因少提供一些。而且，这种诱因和行为之间的密切关系，不只限于金钱或货币的价格。当周末酗酒驾车的人变多时，比较谨慎的人就会少开车或外出；当深夜里交通警察少时，闯红灯的人就会多一些。各种道德、良知、善恶等价值，都会透过所隐含的诱因而影响人的行为。

既然诱因会左右人的行为，在分析政策或法律时，市场这个架构就隐含一种"往前看"的态度——采取某种政策或作出某种判决，会形成哪种诱因，在未来会引发哪些行为？——传统法学思维重视已经发生的纠纷，是一种"回头看"的视野。

更重要的，市场活动本身，是由许多条件所支持。在鲁滨逊的世界里，不会有市场；在人烟稀少的原野里，可能只有偶尔出现的市集。因此，虽然现代社会里，超级市场和便利商店几乎无所不在；可是，市场并不是凭空出现或是必然存在的，而是某些条件支持下的产物。

换种说法，市场意味着一种条件式的思维——在相关条件的支持之下，才会得到某些结果。所以，任何政策要发挥作用，必须透过现实条件的检验，而不能只诉诸严谨的逻辑或精确的推论。

而且，市场里的活动，基本上是合则两利。因为是互惠，所以双方都是心甘情愿的乐见其成。一旦完成交易，双方的福祉都提升，便可以准备进行下一波的交易。因此，随着一波波的交易，社会的资源累积得愈来愈多。

事实上，买卖所引发的纠纷，可能只占完成交易很微不足道的一小部分；在市场里，交易完成是常态，发生纠纷是例外。所以，在探讨人际之间关系的规范时，是以市场的常态为标杆比较好，还是以两造诉讼这种例外为标杆比较好？对人际关系的期许，是希望像市场买卖所隐含的兴利，还是希望像法庭官司所意味的除弊？

虽然，在某些国家里，以经济学的理论（故事）来分析法学问题，早已是稀松平常的事；甚至，在某些角落里，经济学已经是显学。可是，至少在牛津，还是传统法学故事的天下。我认识一位法学教授，他在书里用的是经济分析的思维，但是遣词用字却是法学的正统。他表示，至少在现阶段，在牛津法学院明目张胆主张经济分析，是有勇无谋！

谁的故事比较好听呢？我承认，在牛津法学院，我体会到了传统法学的趣味和智慧；法学论述和官司卷宗里出人意表、令人拍案称奇的故事，远远不是经济学里千篇一律的《鲁滨逊漂流记》所能比。但是，哪一种故事比较有说服力呢？——那可能就是另外一个故事了！

# 艾历克爵士和他的弟弟

到牛津之后，我们因缘际会，搬进校区附近一栋大约有百年历史的老房子。

来看房子时，房东提到她爸爸也是经济学者，曾经在牛津大学任教；如此而已，并没有多说，我也没有多想。直到有一天，我和学院里的一位朋友聊天，他问我住哪里，我说：艾历克·凯克斯教授（Alec Cairncross）的故居。

没想到，他突然坐直，眼睛连眨了几下，一脸认真地说："他是我最尊敬的人之一；如果查理王子或院长说'史蒂夫，往前跑！'，我会先弄清楚什么事；可是，如果艾历克说'史蒂夫，往前跑！'，我想也不想，立刻往前冲！"

我自觉是比较冷淡、少受感动的人，可是听到一位四十余岁的人说出这么直率真挚的话，我很感动。事后我仔细想想，在我认识的人里，我会毫不犹豫地应声而冲的，好像屈指可数。我对艾历克的好奇，油然而生……

1911 年，艾历克出生在英国北部的苏格兰，父亲是五金店老板。大学时，读的是苏格兰最好的学府格拉斯哥大学

116

（University of Glasgow），毕业后到剑桥读研究所，受教于凯恩斯。回到母校任教期间，开始参与政府经济方面的事务。第二次世界大战时，他以经济学家身份，负责规划军用飞机的生产。

战后，他代表英国，到柏林参与重建德国的工业，所负的责任也愈来愈重。在 1961 年到 1969 年，他是英国政府的首席经济顾问；但是，他并没有忘情于学术。除了不断著述之外，还曾经担任牛津大学圣彼得学院（St Peter's College）的院长，以及皇家经济学会的会长。

1972 年，他被遴选为位极荣宠的母校校监（Chancellor）；他觉得非常高兴，认为这就像被选为圣诞老人一样（英制，实际行政由副校监负责）。退休后，他仍然担任很多国家的顾问，持续贡献心力。——当他率团到中国大陆访问时，英国大使希望他问邓小平一些政治问题；他婉拒，反而请教邓小平：在水利工程上，中国怎么处理四处蔓延的水生风信子（water hyacinth）。邓小平当然不知道，但是也大感好奇，立刻交代属下查明。

他先后出版二十七本专著，还发表过诗集。1967 年，受女王册封为爵士，以表彰他在学术界和政府部门的成就。

无论是任何职位和工作性质，他都全力以赴，而且态度从容。他似乎是极少数能用"人格自然伟大"来形容的长者，不但深受同事和朋友喜爱，更受到后进的尊重。他和夫人结婚五十五年，育有五位子女，家庭生活极其幸福美满。

基于对艾历克人格、学问和风范的敬意，圣彼得学院在 1990 年，设立了以他为名的讲座，当他过世之后，讲座改名为

"艾历克·凯克斯爵士纪念讲座"。2000年是讲座成立十周年，特别邀请他的大女儿弗朗西斯发表演讲。

弗朗西斯是《经济学人》(*The Economist*) 的主编之一，讲题则是对二十一世纪的展望；在她的投影片里，穿插着历史资料和对未来的预测。其中一张，是几十年前的老照片：她的祖父母年轻时，牵着年幼的艾历克和弟弟约翰。她话中有话地说："在我父亲旁边的，就是那位未来的间谍；如果他就保持照片里的模样（永远不长大），那该有多好！"

爵士的弟弟是间谍？而且，听她的口气，显然不是像007一样、备受欢迎的英国间谍，这到底又是怎么回事？还好，老房子里的书架上，有一本约翰自传式的书：《密码间谍》(*The Enigma Spy*)，封面还有一行小字：改变二次大战轨迹的人。

约翰在剑桥大学读书时，正是20世纪30年代。世界性的经济危机还没有完全解除，而希特勒的纳粹德国，正积极扩充军备。可是，英国首相张伯伦（A.N. Chamberlain）却一意姑息，甚至百般讨好希特勒政权。

对自己的政府，年轻的约翰觉得很失望，他认为，在欧洲唯有苏联能和纳粹相抗衡。如果苏联不保，不但欧洲大陆将被席卷，英国也难逃塞运。因此，基于爱国的情操，他同情苏联，也希望能伸出援手。

大学毕业时，他在一般文官和外交官两项考试里，都名列榜首；他先进外交部工作两年，再转到一般行政。在很偶然的机会下，他成为苏联情报单位的一员。第二次世界大战爆发后，他被调派到英国情报局（MI5）的密码部门任职。随着职位和业务愈益重要，苏联对他的倚重也逐渐加深。当苏联在 1941 年 6 月变成同盟国之一后，他事实上是为友邦工作；当然，为友邦效劳和为自己的国家出力，还是不太一样。

在 1943 年中，德国准备对苏联发动主要攻势，目标是大城库尔斯克（Kursk）。德军集结了二千五百辆坦克、二百二十万的大军和数以千计的飞机，这将是有史以来规模最大的坦克大战。当时，英国的情报部门已经破解了德国的密码（Enigma），知道德军的部署和企图。约翰把德国空军基地和阵势的情报，交给苏联的情报人员。

结果，在德军发动攻势之前，苏联就先摧毁了德军在地面上的六百架战机，使德军丧失原先的优势，终至于溃败。因此，约翰的情报，不仅直接帮助苏联军方，更间接使成千上万的苏联老百姓免于受难。而且，史学家都认定，德军在克斯之役折翼，是整个第二次世界大战的转折点。没有约翰的作为，英国乃至同盟国的命运，可能都大不相同。

战后他离开政府，开始学术生涯，出版了好几本关于十七世纪法国文学的书，得到很高的评价。他也曾在美国一所大学任教，担任拉丁语文系的系主任。但是，在 1964 年，几位为苏联工作的英国间谍接连暴露身份，约翰也受牵连；自白后，他和 MI5 达成协议：保持缄默以换得不受起诉。不过，MI5 内部的倾轧以及和苏联 KGB 之间的角劲，使他的事迹逐渐曝光，从此，"间谍"的罪名始终紧追不舍。尤其是战后东西方进入冷战，苏联不但不再是盟友，而且已经成为西方的头号敌人。因此，共产主义、共产党和共产党的同路人，一下子都成了西方社会里讳莫如深的存在。

艾历克写信给自己的弟弟，问他关于为苏联工作的事，因为他信守承诺，所以没有透露半个字。1990年，他不甘一再被误解，甚至是被出卖，因此决定著书明志，把整个过程说清楚。在书里，他提到："对于自己的作为，他一点都不觉得可耻。事实上，英国的MI5和苏联的KGB一样，都为了自我防卫而不惜扭曲真相。两个机构最在意的，不是国家利益，而是本身的形象。"1995年10月，约翰中风过世，两年后书才问世；书前有艾历克的序，他认为：基本上，约翰是一位文人，是学者和诗人，而不是希望能风云际会、扬名立万的人。

艾历克爵士一辈子受人敬重，死后依然令人思慕不已；他的弟弟约翰一生崎岖艰辛，抑郁含冤而终，身后还不为亲戚所谅解！


附记：

有一天内人去伦敦看戏，深夜回到牛津，坐出租车回家。出租车司机一听地址，马上脱口而出："那是艾历克爵士的家！"然后，一路怀念，爵士夫人玛丽女士（Lady Mary）多么慈祥、人多么好。

# 平凡的岁月

很久以前，我读过一个故事：在伦敦金融区工作的银行家，每天穿着整齐，提着皮制手提箱和黑色雨伞上下班。有一天手提箱突然不见，大家四处搜寻，深怕遗失了皮箱里的重要文件。

后来，皮箱终于失而复得，众人打开一看，里面空空如也，只有一份《泰晤士报》。当时的体会是，这有点调侃英国人那种喜欢装模作样、有点假正经的作风。现在回想起这个故事，还可以稍微穿凿附会一点：银行家也许真的很闲；不过，单单一份《泰晤士报》，因为内容丰富，也确实足以打发好几个小时。

报纸，有点像是一面镜子，反映社会的脉动。经济萧条时的报纸，当然和欣欣向荣时不同；第二次世界大战和福克兰岛之役时的报道，也必然与和平时不同。那么，在刚刚跨进新的世纪，社会大致上平和稳定的时刻，英国报纸的内容是哪些呢？

以历史悠久、最有代表性的《泰晤士报》为例，周一到周五是一份35便士，周六是60便士，周日则是1.1英镑；价格上的差别，约略可以反映页数的多少。三月四日是星期天，一份周日《泰晤士报》有哪些版面和内容呢？

第一落是主要新闻，共有30页。头版的两个头条是：科学家证实，高压电线确实会增加附近居民得癌症的机会；一对英国夫妇意外丧女后，希望以人工授精，再生一位女儿，结果受精卵是男生，这对夫妇捐出受精卵。头版正中间，是一张照片：前几天两列火车因故高速对撞，两位司机都殉职。照片里，就是司机之一的十岁儿子，在失事现场为父亲摆上一束菊花。

整个头版，可以说完全没有政治新闻。一直到11版，才有保守党为大选而募款的消息。社论在18版，批评政府面对口蹄疫，不预先防范或事后救治，所采取"杀无赦"的做法，是中古世纪般的原始。

第二落是体育和汽车，也是30页。这种结合看似奇怪，但是了解中间的转折是赛车，就不足为奇了。不过，体育的重点是橄榄球和足球，两者的篇幅大概平分秋色。

再来，是20页的财经新闻。

紧接着，是20页的旅游报道。除了对某些地点有深入介绍，提供相关信息以外，还有最新旅游用品的图片和说明。

旅游之后，是20页的财务消息，外加28页半版大小的别册。主要的内容，都和一般读者的个人理财有关。最新的投资建议是少碰科技股，还有以分期付款买新车时，要注意融资的真实利率。

第六落是新闻分析和回顾，这个星期的重点，是关于津巴布韦（Zimbabwe）总统莫加比（President Mugabe）的血腥统治。最高法院院长（一位白人）最近被迫辞职，否则立刻有生命危险。在总统的默许甚至是示意下，白人的农庄，不断被号称是退伍军人的暴民所烧杀掳掠和强占。

紧接着，是 20 页的人事广告；然后，是 12 页半版大小的漫画。第九落，是杂志形式、比半版稍小、有 80 页的"文化"，里面包含了文化活动的整个光谱：戏剧、热门音乐、歌剧、唱片、电影、书评、各种排行榜；最后，是下周电视和收音机（广播）的节目和时刻表。

对我来说，书评的部分特别有吸引力，每周总有好几篇引人深思的评论。这个星期较长的书评，一篇是关于一本描述二次大战时德军攻占苏联大城基辅（Kiev）后的故事：在优秀无比的日耳曼人和一天工作十二小时的奴工之间，有一场关系民族自尊和个人存亡的足球赛。另外一篇，是评论对于缅甸外海、号称"海上吉普赛人"（sea gypsies）的报道文学。

第十落，也是杂志形式的"时尚"，有 56 页。当然，摩登男女的穿着和发型，家庭装潢和摆设都不在话下。不过，这期的封面故事，是纽约市新开幕的爱犬健身美容中心——年费 500 英镑，美发 100 英镑，修指甲 14 英镑；只要付钱，爱犬就可以享受人模人样的服务。

然后，是才推出不久的网络专辑，四分之一版面大小，32 页厚。有介绍最新计算机和外围产品的信息，有处理疑难杂症的"答客问"，还有网站测试：每周针对不同性质的网站，做详细的评比，并且赋予一颗星到五颗星的评价。最后一落，是房地产，也有 16 页。

在这些之外，还有一本半版大小的《周日泰晤士报杂志》

（*The Sunday Times Magazine*），68 页厚。那一期的重点，是针对苏联潜艇失事沉没，特派员深入查访后的成果。根据可靠的消息，苏联海军演习时飞弹误射，在库尔斯克（Kursk）附近接触水面爆炸。潜艇受到震荡，鱼雷从架子上滑落，引发一连串的爆炸。但是，舰队反应太慢，所以当初幸存的 23 个人，终于都缺氧而死。意外发生后，演习的指挥官设法掩盖事实真相，许多重要文件也都不翼而飞。

这么一份周日《泰晤士报》，换算成四分之一版的篇幅，总共有 1300 页左右，可以装订成三四本书。当然，这包括很多大小标题、广告、照片漫画等。不过，内容确实丰富，读者在知识和趣味这两方面，都可以得到很大的满足。可是，由读者的角度来看，这些材料有什么特色呢？

前三落分别是新闻、体育和财经消息，大概是西方社会的常态；财经新闻对企业家很重要，但是在一般人的生活里，体育可能更是生活重心之一。不过，政治新闻被放在无关紧要的位置，有点令人诧异。也许，这正反映了一般读者的态度：政治人物的是是非非，不值得计较。或者，在一个典章制度已经成熟的社会里，社会的各个部门都有自己的空间；因此，政治上的作为，其实影响不大。

旅游和个人理财的材料多而地位突出，一方面意味着在一般人的生活里，旅游已经是正常或不可缺的一环；另一方面，对于子女教育和退休而言，理财的信息很实际而且很重要。

在内容的涵盖面上，英国本身自然是中心，掌握欧洲和美国的动态也很自然；不过，除此之外，还有许多关于世界其他地区的报道。这是有意地伸出触角，了解其他的文化、其他的生活方式和其他的价值体系。

对读者来说，报纸的这些内容和材料，有助于应付信息时代日新月异的变化，也提供了安身立命所需的手册或指南；更重要的，是扩充了读者的视野，增加了读者在时间和空间上的体验。而且，所有的一切，好像都是在帮助读者过一个平凡正常、但是充实和有趣的生活。历史的使命、国家兴亡的责任、对人类的道义等等，好像是根本不存在的概念，或者和读者无关，不值得一提。

也许，在银行家和其他读者的平凡岁月里，《泰晤士报》和别的英国报纸，一直在默默地提供一种并不平凡的服务吧！

# 公私之间的曲折

前一段时间天气还好，我带孩子到附近草坪去玩飞盘。一不小心，飞盘飞上矮树的枝头，虽然不很高，但是就是差一点够不到。旁边刚好是小区的游泳池，我向柜台人员商量，借一下休息室里的椅子。她一口答应，但是很清楚地加上一句：如果有任何意外，游泳池不负责！

在各个公私立机关（图书馆、百货公司、书店、博物馆）里，经常可以看到某个房间或走道上有个牌子，简单两个字"私有"（private）；意思当然非常清楚，非请莫入。可是，当我在公立学校的操场上，也看到"私有财产"（private property）的告示，就觉得非常意外了。显然，像那个（公立）游泳池一样，学校希望厘清责任，免得有人在操场嬉戏时受伤，再告学校疏失。

不过，"公立"学校，不就是为公众（一般社会大众）所有吗，为什么还宣称是私有财产呢？似乎，在英国这个社会里，对于公私之间的分野，有很特殊的认知。而且，不论是有形或无形、明文与否的法律，好像在一般人的心目里，都有很重要的地位。

前一段时间，位高权重的上议院议长（Lord Chancellor），就引发了一场不算小的风暴。

因为大选将在几个月之后举行，朝野两党当然要及早筹募选举经费；身为执政工党的重要人物之一，欧文伯爵（Lord Derry Irvine）也义不容辞。他发函给同属工党的律师们，邀请他们参加晚宴；同时，希望他们勇于捐输，以维持工党的执政地位。

这封信一曝光，立刻引起媒体一阵围剿，就连收到信的工党律师同志们，都大喊不可思议。大家异口同声，欧文伯爵的举止，就是现代版的"钞票换乌纱帽"（cash for wigs）！

在某种意义上，这种指控并不是无的放矢。根据传统，欧文伯爵同时具有三种身份：他是上议院的议长，也就是最高立法机关的首长。他同时是最高法院的院长，不但可以以法官的身份，参与审理上诉的案件；更重要的，他有权任命法官和司法体系里其他的职位——身居这些职位的人，通常要戴假发（wigs）。他也是内阁的一员，出席内阁会议之外，在司法和许多其他问题上，是首相咨询的对象。因此，在行政部门里，他当然也有举足轻重的地位。

由这么一位囊括立法、司法和行政大权的人，发出邀请函，明示（不是暗示）要别人掏支票簿，在英国这种社会里，不引起轩然大波，才怪。

当然，事后到底谁捐了多少钱，发信的伯爵不太可能知道；可是，对接到信的律师们来说，会自然而然地有无形压力。大家一致抨击，伯爵议长举止不当；而且，大家也都觉得，他是近代几位议长里，最受争议的一位。不过，值得玩味的，是"三位一体"的做法，由来已久。在一个重视法治的社会，又是近代民主的发源地，怎么会演变出这种奇怪的安排？而且，竟然还能够持续运作？

也许，因为在某些社会里，法治已经很成功，加上一般人容易把抽象的民主法治概念理想化，所以，对法治往往有很高的期许。

其实，追根究柢，法的理念，并不是在于形式或逻辑，而是存系于人们的生活体验。对个人来说，"法"是行为上画地自限、自我约束的一些规则；对社会来说，则是共同生活、处理公共事务的一些规则。在性质上，两种规则是一样的，主要的差别，是个人的规则几乎是全然主观的，各有各的好恶。这就好像是自己维持一把心中之尺，只适用在自己身上。社会的规则，则好像是众人心中之尺的交集，即使还是由人来操作，但是有一些共同的刻度，也就是有某种客观性。

由主观的心中之尺汇集成稳定客观的社会之尺，显然是一个漫长而艰辛的过程。主观的心中之尺，反映个人的好恶，也受个人利害考虑的影响。在自己的世界里，一个人运用自己的心中之尺来判断和取舍。

可是，由个人的心中之尺到社会之尺，中间还有家庭、亲戚妯娌、乡邻小区等等，是一个比一个更大的范围。范围小时，人与人之间总有血缘或故旧往还的关系，因此心中之尺的交集，也免不了受这些因素的影响。当范围变大时，共同的尺度要适用在更多的人身上，所以，必须渐渐过滤掉血缘宗党故旧等关系的牵扯，而形成一种超越人际关系、不依人而异的规则。

事实上，人治和法治的差别，可以说就在于心中之尺和社会之尺的分野。在人治的社会里，即使是处理公众事务，还是依当政者个人的心中之尺；在法治的社会里，虽然还是由人来处理公众事务，不过所依恃的却是众议佥同的社会之尺。抽象地来看，心中之尺的交集愈大，社会之尺所能发挥的空间愈大，所能有的成就当然也愈可观。最重要的，自然是交集的孕育，而这又和每一个人的亲身体验有关。

如果"三位一体"的做法问题不断，早就被淘汰掉了。根据记载，"三位一体"的雏形，出现在十一世纪，经过历来的变迁，到现在已经有一千年左右的历史。当然，在这个漫长的过程里，一定出现过利益冲突或公私不分的情况。但是，经过这些考验，历代的"欧文伯爵"却似乎能慢慢地琢磨出一套行事准则：可以兼顾三种不同的职责，而且可以（勉强）维系彼此之间的区隔。

在每一种身份上，都像是被切割出一块小小的空间；当事人可以转圜，其他的人也不觉得有什么不妥。这么看来，与其说"三位一体"是制度上的陈窠，不如说这反映出英国对公私之间吹毛求疵的讲究，竟然能把观念上扞格冲突的情境，锤炼出在现实上能行之久远的格局。

不过，即使"三位一体"的做法经历过历史上诸多考验，当社会变得愈来愈复杂，各种利益的规模愈来愈大，而彼此之间的冲突也愈来愈尖锐时，过去所能依恃的传统和自持也不再可靠。首相布莱尔竞选的政见之一，就是大选后将检讨"三位一体"的做法，并且作必要的调整。而且，根据政治观察家的判断，他将在选后调整欧文伯爵的职务。

如果"三位一体"的做法真的就此改弦更张，欧文伯爵的募款信，可以说就是压垮骆驼的最后一根稻草。不过，即使如此，对于英国讲究公私分野的悠久历史而言，大概也只是这个传统延续过程中的一则花絮而已吧！

# 财富的横剖面

金钱不等于快乐，这个观念每一个人都能朗朗上口；不过，在我认识的人里，我还没有发现心里真的不喜欢钱的人——嘴上说不喜欢的，倒是有好几位。

当然，自己有钱最好，看到别人有钱，通常是一种很复杂的情怀。不过，即使如此，大多数人还是带着难以明言的情绪，津津有味地读着各种关于有钱人的报道。也许就是体会到读者的这种心理，《泰晤士报》从十二年前开始，每年出版"富人排行榜"（Rich List1000）专刊，随报附赠；十六开左右大小，一百多页，里面有丰富的图文资料，还有各类排行榜。

排名第一的是威斯敏斯特公爵（Duke of Westminster），财富 44 亿英镑。主要是因为家族持有大批房地产，而后在他手里发扬光大。不过，金钱和快乐之间真的没有等号，他曾有过严重的抑郁症。

他最自豪的事，是 18 岁那年加入民防军（Territorial Army），三十多年来，一路凭实力由小兵升成准将。照片里，公爵背后是祖先在骏马上英姿焕发的画像，他自己则是身着迷彩便服，眼神里有一股抹不去的忧郁。

有钱，当然比较容易慷慨；排名第 5 的路易斯（J. Lewis），财产 22 亿，就曾经在慈善义卖会上，标到和老虎伍兹打十八洞的权利——一场球 140 万英镑，平均打一洞花 8 万英镑左右。

排行榜上，少不了有许多名人。前披头之——麦卡尼——现在已经是保罗爵士（Sir Paul McCartney），排名第 36（7 亿）；他发行的精选 CD，不到一年就卖出一千两百万张，披头士每张可以得到 2 英镑的版税。

伊丽莎白女王，排名第 105（3 亿）。虽然她住在白金汉宫和离宫温莎古堡，可是这些不能算是她的私人财产。不过，能不付租金已经很难得了；据估计，在市场上，白金汉宫和温莎古堡的月租大概要 1 千万英镑。

《哈利·波特》系列的作者罗琳（J. Rowling），本身已经成为传奇人物。这位 35 岁的单亲妈妈，排名第 526（6.5 千万）。如果她能持续高产，每年推出一本，而全球的大小朋友们保持同样的热情，那么她的排名将快速上升，而且可能成为有史以来最有钱的作家。

写出《艾薇塔》（Evita）和《万世巨星》等名曲的劳埃德·韦伯伯爵（Lord A. Lloyd-Webber），排名第 69（4.2 亿）。物质女郎玛丹娜搬到伦敦之后，自然也进入排行榜，名列第 183（1.8 亿）。憨豆先生本名亚金生（R. Atkinson），也挤进排行榜（第 947，3.5 千万）。

在这些名人之外，排行榜里还有一些巨富，事迹可贵，但是却少为人知。在 1929 年，詹姆士爵士（Sir James Martin）和伙伴贝克队长（Captain V. Baker）合组一家航空公司。但是，在 1942 年，贝克试飞时失事身亡，马丁决心设法改善航空安全。他设计的弹射椅在 1946 年问世，这些年来，自动弹射椅已经救过 6800 位以上的飞行员；而马丁贝克公司的产品，也占有全球 75% 的市场。

为了表彰他对飞行安全的贡献，他的肖像出现在 1999 年发行、面额 100 英镑的钞票上；钞票里还画了一位飞行员坐在弹射椅上，在降落伞下缓缓飘落。

相形之下，哈洛德（Harrods）百货公司的老板阿尔 - 费伊德（M. Al-Fayed），似乎形象一直不佳。他排名第 32（7.5 亿），但是却被描述为"以得不到那本英国护照闻名"。

这些巨富里，白手起家的人所在多有。阿利马洪（A. Alimahomed）是在 1974 年，由东南非的马拉维（Malawi）移民英国。有一天在海德公园里，看到小贩用纸袋装水果。他灵机一动，开始着手生产耐用、经济实惠的各式袋子。今天，他的公司有六百位员工，每个星期生产 7500 万个纸袋和 1.4 亿个塑料袋。阿利马洪排名第 306，财产 1.1 亿英镑。

除了这许多曲折动人的故事之外，"排行榜"又透露出哪些信息呢？当然，排行榜像是一张快照，反映了在某一个时点上，英国财富金字塔顶尖的组合。不过，由这张快照里，却也显示了许多关于英国社会的蛛丝马迹。

在这一千位排名里，241 位的财富是由继承而来，另外 759 位是靠自己的努力，及身而富贵。不过，这么多人里，只有 69 位是女性，其余全是男性。至少在英国，男性似乎还是占了相当的优势。这种重视传统的性格，也反映在其他面向上。因为，就产业类别来说，绝大部分榜上有名的富人，都是属于"传统产业"；以信息电子这种新兴产业而致富的人，只有26位。

不过，在这一千位里，有75%的人，是完全靠自己的努力而富贵。而且，和去年相比，这一千位里，有175位是今年才入榜的新贵。就流动性来说，这反映了很高的流动率，显然和一般人对英国社会的印象，有一段距离。

和其他国家相比，英国的富豪并不特别抢眼。在欧洲最有钱的20位里，英国只有两位，而且排名是第16和第17。在全世界最有钱的50位里，没有半位是英国人。（这50位里，有7位是因计算机网络而致富，其中有3位在微软公司。）

在英国，世袭的贵族大约有600位；可是，在排行榜里，包括女王在内，只有71位，比例并不算高。可见，世袭的贵族不一定有钱，而有钱的大部分都不是靠世袭而来。

排行榜里有一位世袭贵族，倒值得一记：他的封号是克蒙特利侯爵（The Marquess of Cholmondeley），本名为洛克赛维奇（D. Rocksavage）。根据爵位的册封令，每当女王持国会开议仪式时，侯爵要身着红色和金色相间的燕尾服，手持白色权杖，然后面朝女王、倒退而行！他年届不惑，年轻英俊多金，又有贵族身份，是英国最有身价的单身汉之一（第375位，9000万镑）。

由排行榜的结构上看，靠贵族或家族财产致富的百分比并不高；但是，大部分的财富，却是由传统的经济活动中累积。这种"不传统中的传统"，看来有点矛盾，其实不然。

这种结构，反映了英国社会正处在转型的过程；过去是以贵族和世家主导，在传统经济活动中累积财富，并且延续优势地位。现在，社会已经逐渐开放，虽然经济结构还是以传统活动为主，但是贵族和世家的主导地位已经式微。如果英国能赶上高科技产业的列车，那么在下一个阶段里，新兴的信息产业将是财富的主要来源。

当然，无论财富由何而来，少数人握有如此可观的财富，即使不是罪恶，也很可议。根据资料，在英国 1% 的人，持有全国 40% 的财富。也许有人认为，这是因为英国是个封建闭塞的社会，财富才会集中在少数人的手里。不过，相信很多人不知道，在公认最开放、号称"希望乐土"的美国，1% 的人握有全国 30% 的财富！

# 亚当·斯密之墓

一位专攻经济史的学者曾经指出：进展愈快的学科，愈容易忘掉自己的历史。原因很简单，过去的成果会很快地融入这个学科的进展，然后再被新的见解所取代。

就经济学这个学科来说，似乎确实有这种现象。许多杰出学者的贡献，都已经成为当代学者知其然、而不知其所以然的常识。不过，有些关键性的人和概念，却像牛顿和苹果和地心引力一样，烙入了历代经济学者、甚至一般社会大众的脑海里。亚当·斯密和（他）那只看不见的手和《国富论》，无疑地就享有这种特殊地位。

对于亚当·斯密，我了解得很有限；书架有一本《国富论》，还有一本他的传记，一直想看，却一直没有看。不过，某股看不见的力量，却把我推向他。

格拉斯哥（Glasgow）和爱丁堡（Edinburgh），是苏格兰的两大城，也是观光旅游的重点。在安排好行程之后，我才在导览上读到，亚当·斯密的墓不是位于他任教的格拉斯哥（大学），而是在人文荟萃的爱丁堡。

到爱丁堡的第二天上午，我按图索骥，找到卡农盖特教堂（Canongate Kirk）。教堂建于十七世纪，皇室到爱丁堡时，都在这里做礼拜。教堂的左右两边和后面，都是墓园。老旧的墓碑，经过几百年风雨的剥蚀，上面的字迹已经模糊不清。

清冷的空气里，整个墓园里只有我一个人，四周似乎特别的寂静；我前后找了一阵，看到一位已故财政大臣的墓碑，却不见亚当·斯密。要在上千个墓碑里，找出特别的一块，并不容易。

教堂大门紧锁，不见人影；我到紧邻的爱丁堡人民博物馆（The People's Story Museum），问里面的服务人员。他转身一指，说："就在这面墙的另一面！"我再绕进墓园，转进博物馆正后方，果然，"亚当·斯密"的大字，迎面而来。

在经济学里，他的地位像是神一样。诺贝尔奖得主斯蒂格勒（G. Stigler）文采斐然，曾经写过一篇亦庄亦谐的文章，列举参加学术研讨会时，经常听到的语录。其中有两则是："亚当·斯密早就说过这个！"（Adam Smith said that！）和"亚当·斯密才没说过这个！"（Adam Smith didn't say that！）他是判别是非、断定真伪的指标。

墓园很简朴，墓碑靠在墙上，另外三面围有黑色铁栏杆，正面的门半开。墓园的面积大概宽 3 公尺，长 4 公尺；地面平坦，铺满了红褐色的碎瓦。墓碑上，是简单的墓志铭：

这里存放的遗骸是（Here are deposited the remains of

亚当·斯密　　　　　Adam Smith,

他撰述　　　　　　　author of the

137

| | |
|---|---|
| 《道德情操论》 | *Theory of Moral Sentiments* |
| 和 | *and* |
| 《国富论》 | *Wealth of Nations.* |
| 生于 1723 年 6 月 5 日 | He was born 5th June，1723， |
| 殁于 1790 年 7 月 17 日 | and he died 17th July，1790.） |

　　我待了几分钟，未能免俗地照了两张相；不过，我心里有种感觉，好像是希望能再捕捉一些有关他的种种。教堂的对面是爱丁堡博物馆（Museum of Edinburgh），里面的人却表示：博物馆里，并没有任何关于亚当·斯密的记载或对象。不远处是一个纪念品店，号称"历史脉流"（Historic Connection），店员小姐摇摇头，没有亚当·斯密；我觉得很好奇，"亚当·斯密"这个名号不是有商业价值吗？她笑容可掬地回应：不然！

　　下午参观苏格兰国家博物馆（National Museum of Scotland）时，我又问馆员，小姐在计算机上搜寻一阵之后，满脸歉意地说：原来在 G22 号柜台里，有一座他的铜雕半身像，是完成于1791 年；可是，前一段时间调整展示品后，正在重新编目，铜像现在不知道身在何处！

　　也许，对一般人来说，亚当·斯密的吸引力确实比不上莎士比亚或猫王。在他曾经任教的格拉斯哥大学（University of Glasgow），有一栋大厦以他为名（Adam Smith Building）；不过，那是一座现代化、冷冰冰五层楼的水泥建筑，一点都不会令人有思古之幽情。

　　不过，对大部分经济学者来说，亚当·斯密的影像似乎日益褪色；目前悬而未决的争议，是他有没有构思第三本书？因为，《道德情操论》是关于人类行为的"利他"，《国富论》是关于经济活动的"利己"，因此，似乎应该有第三本书，作为利他和利己之间的桥梁！

如果亚当·斯密复活，当然可以问他这个问题；不过，如果他真的出现在经济学者的眼前，恐怕有很多人心理上不能接受——就像一般人可以接受耶稣的画像，却不愿意接受计算机专家（根据头盖骨和其他数据）画出的耶稣面容一样！

可是，万一亚当·斯密真的复活，恐怕他受到的震撼要来得更大。经济学的高度数学化，很可能远超出他的想象；更令他意外的，应该是经济学已不再限于探讨"经济活动"，而是有系统地分析政治、社会、法律等领域里的问题，而且都已经有非常璀璨的成果。

不过，即使他为经济学版图日益扩充而喜悦（？），而且对经济分析的威力感到讶异，可能他终觉得有些遗憾。对于有些问题，经济学确实有力不从心的困窘。

在个人行为上，经济学所强调的"选择"，的确有一针见血的睿智，因为，无论大小举止，总是会牵涉有意识或无意识的取舍。因此，经济学强调选择，等于是提醒大家，值得作较精致的权衡。

另外，对不同价值之间的冲突，经济学也真的束手无策。在苹果和面包之间，可以利用价格作为共同的尺度：先把苹果和面包都转换成价格，每个人再作抉择。然而，在亲情和事业这两种价值之间，却没有共同的尺度，可以作类似的转换。不同价值之间转换和取舍的机制，很可能是经济学面临的最后难题之一。

在个人层次之上，是加总的问题。一群人都要买面包，就是由个人需求加总而成为市场里的需求。因此，通过市场的机制，经济活动上的加总过程有大致的脉络。可是，经济活动其实只占人们生活的一小部分。在其他的活动领域里，个人的喜怒哀乐、七情六欲，都透过生活里的各个环节表达出来。由一群个人加总成一个小区、乡里、城镇，马上呈现出各种不同的风貌。不同国度里，加总的结果固然不同；即使在同一个国家之内，不同的区域里，也往往有明显的歧异。

对于经济活动之外的加总过程，至少到现在为止，经济分析还不能深入地掌握。抽象来看，各种社会问题，其实就是加总之后的结果。除非能摸清楚复杂多变的加总过程，否则要有效处理各种社会问题，可能就遥遥无期了。

科斯曾经写道："在写《国富论》时，亚当·斯密并不知道自己就是亚当·斯密！"言下之意，是如果他知道自己的历史地位，可能会有不一样的剪裁。当然，即使他真的知道自己是亚当·斯密，就一个进展迅速的学科而言，他的取舍和行谊也早晚会是明日黄花——对纪念品店和博物馆固然如此，对经济学者而言恐怕也不会例外吧！

# 相依偎的岛屿

在台湾时，我偶尔会打开电视，通常是没有目的的碰运气，看到什么就是什么。有几次看到日本的综艺节目，对其中之一印象特别深。

节目是译名（《火焰挑战者》），不知道本来的名目，内容之一是团体竞技：小学五六年级的小朋友，三十四人三十五脚，如果能在三十秒钟之内跑完五十公尺（记得如此），学校可以得到一百万日元的奖金。影片里，有小朋友事前的训练，由两人三脚逐渐增加；最后正式测验时，一字排开，口哨一响彼此搂着肩膀往前冲。

当时看了，有很复杂的感受，又是羡慕，又是嫉妒。羡慕，是看到日本社会除了已经丰衣足食之外，在教育上能寓教于乐，无形之中培养下一代的团队精神。嫉妒，是发现日本为国内观众制作的节目，已经能跨越国界，引起其他地区观众的共鸣。当然，在羡慕和嫉妒之上，其实不得不承认，是相当程度的敬重。日本除了生产讨人喜爱的各式电子产品之外，已经开始输出文化产品，在生活方式上引领风骚。

141

来英国之后，说也奇怪，虽然相隔半个地球，却不时在报上看到有关日本的报道。除了前一段时间、太子妃怀孕的大新闻，我印象最深的有两则。

一则，是在讣闻中读到：第二次世界大战时，一位英国军官在中南半岛被俘以后，被关进集中营，参与桂河大桥的兴建工事。因为地形险要、工程艰巨，所以战俘倍尝艰辛，伤亡不断。有一天，英国军官终于忍不住，告诉日本监工：日本终将战败！日本军官听了勃然大怒，呵斥他满嘴胡言。

两人争执几句之后，英国军官突然冒出一句：日本会战败，因为在英国，这么粗重危险的工作，早就是由机器接手，不会由人来做。日本军官听了一愣，久久不发一语，眼光也由暴怒转为露出一丝羞惭！

另外一则，是在书评里看到：第二次世界大战后，美军进驻日本；盟军统帅麦克阿瑟一直在斟酌，要如何处理日本天皇。没想到，天皇裕仁先来拜访，两人会面后，发布一张照片，登在日本各大报的头版。

照片里，麦帅身着卡其军装，领口敞开，两手叉腰，神态从容自然。旁边站的是裕仁，身着西装，身材矮了一大截，脸微微上扬，表情木然。照片见报后，群情哗然。在日本老百姓的心目中，天皇的地位像神一样，怎么在照片里会是如此模样。日本皇宫察觉不妙，下令所有报馆立刻收回销毁！

如果日本和美国在行事风格上南辕北辙，那么和英国倒有许多类似。两个国家都是岛屿所组成，纬度相近，冬天温度都很低。天寒地冻下，性格可能变得像长白山下般的热情豪迈；但是，也可能雕塑成冷漠拘谨。日本和英国，显然都属于后者。

因为都是岛国，所以可能长时间和外界保持距离，在典章制度、文化历史上自成一格。日本和英国都是工业化程度很高的社会，但是却都维持封建时代的世袭皇室；而且，皇室在社会文化和一般人心目中，享有非常特殊的地位。这些，可能都和岛国背景有关。

由这种角度来观察，也许比较能解释最近的一些发展。日本和英国，是第二次世界大战时兵戎相见的死敌；在文化上，相隔不止十万八千里。但是，当日本大企业要开发欧洲的市场时，不是把基地设在属于同一法制体系的德国，而是选择地理位置偏远、交通并不便捷的英国。日本在英国设置的电子和汽车制造厂，员工动辄数千人；日式管理，也成英国企业界讨论模仿的对象。想想这两个国家之间的今与昔，不得不令人讶异和玩味再三。

更耐人寻思的，是这两个国家，好像都在探索和揣摩对方。当日本向英国伸出触角时，英国也主动作出响应。在一些基金会和大企业的支持之下，英国把2001年定为"日本年"。

2001年五月中旬，"日本年"的活动正式揭开序幕，在海德公园搭的露天舞台上，日本的各种演艺团体卖力演出，吸引了二十万以上的观众。当然，"日本年"的活动不止于此。在全英国各地，都有精心规划的表演、展览、示范。所有活动的宗旨，是要在"生活上和文化上"认识日本。

因此，男扮女装演出的艺妓国宝，在伦敦最重要的剧场之一登台。塞尔福里奇（Selfridges）百货公司重金礼聘，由日本请来设计师，把整栋大楼装扮成日式风格，包括在大门口和电梯旁深深作揖的服务人员和各种自动贩卖机。日本的街头艺术家，也到伦敦献艺；其中一位，用长条法国面包和胡萝卜等，把头整个包住，然后在行人徒步区里穿梭。最近一场服装表演，也明显地看出，英国设计家有意引入了日本风味。连幼儿园里，都开始推展日本的打击乐器和音乐。

可是，所有的这一切，到底有哪些意义呢？

对英国来说，推动"日本年"多少令人有点意外。大英帝国昔日的光辉，虽然早已褪去，但是没落世家，往往还是讲究过去的排场和格局。能够敞开心灵、放下身段，接受（至少探索）另一种文化，并不容易。当然，日本远在天边、又是谜样的东方世界，多少有点帮助；很难想象，英国会拉下长脸，举办个法国年、德国年或美国年。

另外，英国人也确实很实际，不只是注意日本的汽车和电子产品等，而是希望了解是哪一种文化里、由什么样的人手中，设计出那些席卷全球、征服各地消费者的产品。整个活动的精神，强调要在"文化上"和"生活上"了解日本，可见用心之深。

当然，更重要的，这也许是一个老旧的社会，在文化上经历洗礼和更新的开始。抽象来看，文化像是一种结晶体，可能是亮丽艳人的珍珠，也可能是混浊陈腐的硬块。或许，英国社会上下，已经体会到自己的文化光泽正在慢慢褪色，值得放下揽镜自照的水仙花情结，以他人为镜。借着比较和对照，尝试接触其他的可能性，并且能有反省、思索、琢磨、调适的机会。

# 罪与罚之外

坏人把小男孩带到河边，希望他自己掉到河里淹死；不成之后，又把小男孩的头按到水里，希望他呛死。还是不成，再把小男孩推到河里，他又爬回岸上。坏人把蓝色的油漆倒进他的眼睛，开始打他、踢他；一踢再踢之下，坏人鞋子上金属扣的粉屑，都留在男孩脸上的伤痕里。最后，坏人再用铁棍一阵猛打，小男孩终于倒地不起。坏人把小男孩拖到铁轨上，急驶而过的火车，把尸体碾成两段。

小男孩三岁不到，眉清目秀，非常讨人喜爱。坏人有两个，他们年纪也不大——事实上，威纳勃（Jon Venables）和汤普生（Robert Thompson）在 1993 年犯案时，才刚刚满十周岁！

在英国，16 岁以下的孩童不可以买香烟、爆竹和彩券。满18 岁之后，才可以投票、上酒馆、担任陪审团的团员、在身体上刺青或领养子女。基于同样的考虑，10 岁以下的孩童，不受司法审判。因此，如果威纳勃和汤普生早几个月下手，他们不会被判刑定罪。在某些特别的情形下，这种做法可能引发争议；但是，罪刑法定、罪不及少年，却是任何法治国家所奉行的基本原则。

历史上最特殊的事件，大概是引发一次大战的暗杀案。1914年，当时20岁不到的普林西普（Gavrilo Princip），狙杀奥匈帝国斐迪南大公爵（Archduke Franz Ferdinand of Austro-Hungary），造成巴尔干半岛及至整个欧洲的动乱，死伤无数。但是，普林西普只被判有期徒刑20年——因为他的年龄不到20岁，而这是当时捷克法律里，对未成年人所能判的最重的处罚。

在法学理论里，关于实现正义的目的，主要有两种观点：惩罚和防范。无论是刑法、侵权行为或契约法，一旦行为上有过失或造成伤害，善后的措施只是一种手段，主要的目的，是希望发挥惩罚或防范的功能。这两种目标里，惩罚的精神是补救，也就是"回头看"（backward looking）；防范的精神，是避免未来再发生同样的事件，因此是"往前看"（forward looking）。

可是，如果人们只活一天，没有未来，防范的作用自然消失，剩下的，似乎只有惩罚的功能。不过，既然人们只活一天，任何补救措施几乎立刻失去意义。所以，惩罚所具有的内涵，绝大部分也将消失不见。由此可见，表面上看惩罚似乎是回头看，其实在更深一层的意义上，本质上还是因为有未来。也就是，要持续处理已经发生的事件，主要是为了未来。

对威纳勃和汤普生而言，惩罚也是居于次要的地位；最主要的考虑，还是着眼于未来——他们的未来和别人的未来。既然这两个少年犯不可能受终身监禁，因此总要重回社会；但是，这又引出一连串的矛盾：既然要重回社会，最好就不要监禁太久，免得心态和习性上沾染了监狱文化；可是，犯下如此令人发指的罪行，难道不该付出相当的代价吗？

而且，既然希望成为正常人，所以成长过程中物质条件不能匮乏，因此，两人有各自的寝室、音响、书桌书架、海报玩具等等。既然要和正常社会接轨，所以教育也不可缺，两人每天都有一连串的课程，由老师一对一辅导。在某些方面，两人得到的，是比一般青少年更好的照顾。如果他们没有犯错，或犯的是较轻的过错，不会受到这种待遇！

根据估算，英国政府花在这两人身上的费用总额（也就是由奉公守法的纳税义务人所缴的税），大概是 500 万英镑。难怪小男孩的父母和一般民众愤愤不平：无辜的小男孩，被凌虐致死；死有余辜（？）的凶手，却受到无微不至的呵护。

因为年满十八周岁的犯人，必须拘禁在成人监狱。所以，在威纳勃和汤普生满十八周岁之前，法院要决定他们的命运。经过假释委员会和两人当面晤谈，法院最近作出决定：两人将不再是犯人，他们将搬进中途之家，继续接受辅导。然后，所受的约束将逐渐放松，可能两年之后就可以离开，重回正常的社会。

不过，法院也同时作出史无前例的裁定：为了保护两人生命不受威胁，任何媒体和民众，即使知道他们的行踪，都不得直接或间接地走漏消息；否则，除了有牢狱之灾外，财产也可能被没收。这项裁定，也适用在英国设有分支单位的外国媒体。但是，欧洲一些不受约束的报章杂志，已经开出高价，希望取得两人的照片，当然，英国的司法单位也无可奈何。

未来的发展，确实很难预料；不过，这个特殊事件的关键，是引发了一个过去不曾出现的问题：虽然罪和罚之间的关联，一直有争议，不过，轻罪轻罚、重罪重罚，几乎是放诸四海而皆准的法则。可是，当犯错的人受完应得的惩罚之后，可以（或应该）享有哪些权利呢？

过去，政府的责任，是让犯错的人接受处罚；之后，最多是采取预防措施，避免这个人再犯错，再伤害其他人。可是，对威纳勃和汤普生而言，司法体系担心的，并不是他们会再犯错，而是其他人会伤害他们。而为了避免他们受伤害，政府必须主动采取非常特殊的措施。

如果不采取一连串措施，让他们隐姓埋名，即使别人不动手，"幼童杀手"的标识会永远附着在身上。很难想象，有哪一个老板愿意雇用他们。在这种情形下，他们除了靠社会救济，生活在社会边缘之外，大概永远不可能成为社会正常的一分子。可是，在观念上，政府费尽心思的保护措施，是"犯了错，因此得到特殊待遇"；在实际上，则是耗费大笔纳税义务人的血汗所得。无论从哪一个角度来看，都很难让人信服。

不过，在某种意义上，也许这正代表一个文明社会，往前迈进了艰辛的一步。即使是最令人鄙视唾弃的人物，社会也愿意集众人之力，尽一切可能，希望能在最黑暗的角落里引进一线阳光。对英国司法体系而言，这可不是拣软柿子吃，而是明明白白地选了一颗苦涩难咽的硬柿子。不但没有掌声，而且注定吃力不讨好。

根据法院的裁定，威纳勃和汤普生不得以自己的经验谋取任何商业利益。不过，我倒是希望，他们能在迟暮之年，写下他们的经历和想法。在罪与罚的历史上，那将是很特殊、也很珍贵的一页！

# 天空才是极限?

*Billy Elliot*(《芭蕾之梦》)曾是一部很受瞩目的英国电影,小男孩的故事很感人:在以矿业为主的工业城里,别的男孩从小学拳击,比利意外爱上芭蕾。在矿区工作、十分阳刚的父兄,当然不能接受。历经波折,比利终于跻身伦敦著名的芭蕾舞学校,实现梦想。

电影透露的信息,非常正面而且积极:即使是处在艰苦的环境里,只要自己坚持,也总可以挣脱环境里的束缚。电影里矿区的拳击场和伦敦的芭蕾舞学校,劳工阶级的房舍和剧场里金碧辉煌的布置,都是动人心弦、令人深思的对比。

不过,比利的故事,毕竟是电影里的情节。离开电影院,在真实的世界里,情形又是如何呢?英国媒体上就持续报道过一个类似的事例。而且,在某些环节上,这个事例要复杂得多。

苏珊·特礼(Suzanne Turley),是韦尔斯地区雷克瑟姆郡(Wrexham County)一位十六岁的少女。因为和父母之间有重大歧异,一年半以前由社工人员接手,安排她住在寄养家庭(foster parents)的家里。苏珊对戏剧和表演有兴趣,也有这方

150

面的天分。中学毕业后，她申请到哥顿斯登学院（Gordonstoun College）就读。这是位于苏格兰非常有名的一所私立学校，学费昂贵，全英排名第五。查理王子和很多皇室成员，都是这所学校的校友。在很多方面，这是不折不扣的贵族学校。

不过，在戏剧方面，这所学院有很好的课程，苏珊非常向往，并且希望毕业之后能成为演员。申请入学的有2000人，经过一连串的甄试，苏珊是录取的四十名之一。她当然非常高兴，寄养家庭也为她高兴。但是，负责的社会福利机构却有意见。他们认为，苏珊可以就近上耶鲁学院（Yale College），而无须到外地去读私立学校。两个学校之间，差别非常明显：哥顿斯登是私立、一年学费18000英镑、只有430名学生；耶鲁学院是公立、免学费、有3000名学生、外加8000位选修生。除了这些数字上的差别之外，两个学校所代表的，是毕业之后两条截然不同的轨迹。

苏珊觉得，社会福利机构是在阻挠她的发展，而没有真正照顾到她的福祉。她认为权利受损，因此和律师接触，表示不惜上法院告社会福利机构。因为这件事有相当的新闻性，所以报纸一披露之后，媒体大幅报道。苏珊接受一连串的电视访谈，也引发了广泛的讨论。

刚开始，钱似乎是一个问题。学院是两年制，两年的学费要36000英镑，加上其他花费，不算是一笔小数目。社会福利机构有责任照顾苏珊，可是有没有责任付这笔花费呢？还好，苏珊的祖父母（两位都是退休的老师）表示，愿意从储蓄里拿出20000英镑资助她。哥顿斯登校方了解情形之后，也乐意从学校的基金里，提供奖学金，帮助她完成学业。可是，社会福利机构依然认为，她最好还是读公立学院。

苏珊的情况见诸媒体之后，马上有善心人士出面，愿意负担苏珊在学院两年里所有的花费。这位不具名的人士表示，他很欣赏苏珊积极进取的精神，愿意助她一臂之力。同时，在舆论一致批评之下，社会福利机构只好找台阶下：他们宣布，只要在"适当的条件"之下，他们不会再坚持苏珊上耶鲁学院。整个事件，算是告一个段落，而且是以喜剧收场。在真实的世界里，"比利"也突破了环境里的限制，为自己争取到开发潜能的机会！

不过，虽然这个社会新闻已经落幕，苏珊所引发的问题，其实还有许多值得探讨的空间。

最基本的也最俗气的，是钱的问题。苏珊如果读公立学校，社会福利机构无须有额外支出；要上私立学院，地方政府（也就是纳税义务人）必须增加负担。如果苏珊所希望得到的教育更特殊、更昂贵，那么社会福利机构是不是要以她的福祉为依归，要多少给多少？如果苏珊可以，那么受社会福利机构照顾的其他玛丽、彼得呢？还有，那些不由社会福利机构照顾的丽莎、罗勃们呢？

在钱的问题之外，自然是社会福利机构的立场。对于所有由自己家庭照顾的丽莎、罗勃等等，在非常大的自由度上，他们的父母有权决定未成年子女的重大事项。可是，一旦家庭出了问题，小孩由社会福利机构接手，一切考虑变成要以小孩的最佳福祉（best interest）为依归。可是，社福单位不是神，谁能铁口直断，对小孩最佳福祉的取舍是什么？即使在日常生活衣食住行的细节上，都可以有谁是谁非的斟酌；在人生重大的转折上，更是有无穷的争议。

更何况，社福机构面对的不只是个案，还要考虑通则。在处理苏珊的问题上，雷克瑟姆郡的社福机构其实是吃力不讨好。对苏珊而言，进私立学院也许确是她的最佳福祉；可是，社福机构除了考虑苏珊的福祉之外，事实上还要顾虑到其他孩童的福祉。

当然，最困难的问题，还是在于社福单位（也就是政府）的定位问题。在处理社会问题上，如果政府只是最后的防线，那么政府是居于救急、辅助、次要的角色。可是，如果政府不是配角，而是处理社会问题的主角，那么政府不是消防队，而是老大哥或万灵丹。消防队和老大哥所耗用的资源，当然大不相同；对一般民众思想行动的影响，自然有如南辕北辙。一言以蔽之，一流的政府，需要一流的税负来支持；三流的政府，只需要三流的税负。买牛奶面包是一分钱一分货，维持政府也是如此！

电影里的比利，是靠他自己的努力闯进伦敦的芭蕾舞学校；真实世界里的苏珊，也是靠自己的努力挣得哥顿斯登学院的一席之地。不过，政府的存在与否、举止如何，却对他们有非常不同的影响。

西谚里有"天空（才）是极限"（Sky is the limit）的说法，鼓励人们不应该划地自限。可是，人世间确实有各式各样的限制。政府的存在，基本上是希望能增添人们的福祉；然而，有时候，却又不得不采取划地自限的做法。

那么，有没有适当的界限呢？这可就是所有的比利、苏珊、丽莎、罗勃等等，所不得不面对的问题了！

疏离的眷恋

# "农地农用"问题的诸多迷思

每隔一段时间，是否要开放农地的问题就会成为热门话题，热闹一阵子。每次论对这个问题，总有正反两面的意见。在反对的意见里，除了粮食安全的考虑之外，还有以下两点考虑：第一，农地对水土保持很重要，而且农地改为其他用途之后，很难再回复原状。第二，开放农地之后，农地流入财团手里，财团坐收暴利，贫富差距扩大。

对于"农地农用"的政策，农业部门主管非常坚持，甚至表示愿意辞官以明志。立场比较温和的官员则表示，开放农地牵涉到许多法令，一旦相关的法令和配套措施都具备之后，自然可以逐步释出农地。

在说理之前，我先讲一个有趣的现象。在"女性主义"的论述里，常会出现"父权社会"这个字眼，因为是父权社会，所以无论在工作、待遇或升迁上，女性所受的差别待遇触目可见。要扭转这种历史性的错误（或罪恶），女性主义论者显然还有很漫长的一条路要走。

不过，女性主义的论述也提供了一个有趣的参考点：如果没有历史，人类直接迈入科技社会，那么女性的地位会比较低吗？在科技社会里，对信息的处理需要细心、耐性、敏感度高……而不见得需要庞大的身躯和原始的体力。因此，根据这些特质，如果一开始就是科技社会，女性的表现可能会优于男性，各行各业的领导者可能都是女性，男性可能只是居于从属、受支配的地位。在那种情况下，"男性主义"论述可能有同样的委屈和哀怨。

"父权社会"和"母权社会"的差别，很可能就在于历史经验，因为在人类历史上，力量（兽力、人力、机械力……）是重要的影响因素，所以现在是父权社会而不是母权社会。因此，不同的历史经验，会让社会走上不同的发展轨迹；在不同的时间空间上，会驻足在不同的结晶点上。不过，这也提醒我们，无须过分地被历史经验所束缚，因为还有其他诸多历史轨迹可以（值得）思索和尝试。

"农地农用"的问题，显然也和历史经验有关。如果一开始就是科技社会，我们大概不会有大量的农田，有一部分的农田会成为联电、华硕等公司的工厂和研究室，其他的农田会成为房舍、道路、花园、购物中心、休闲设施等等。稻米可以进口，就像玉米、面粉、塑胶鞋、外劳可以进口一样。坚持要自己种田，就像坚持要自己的子弟当佣仆一样。根据"农地农用"的逻辑，"农人（当然要）耕田"。可是，这种逻辑的前提不一定成立：坚持那些土地一定要当"农地"，就像坚持施振荣和张忠谋一定要当"农人"一样！

同样一公顷的地，作为农田，一年所生产稻米的附加价值大概不超过新台币二十万；作为联电宏碁的工厂，产品的附加价值很可能达到数亿新台币。同样的张忠谋和施振荣，作为农人，耕田一年所创造的附加价值……

"农地"，有水土保持的功能，这个论点有一点道理，不多就是了。土地不作为农地而作为工厂、花园、道路等等，一样有水土保持的功能，只是程度不同而已。"水土保持"是问题，而不应是借口。何况，农田大部分是在平地，而不是在山地。在开放农地的问题上，水土保持并不是问题的关键。

开放农地之后，农地确实会流入财团的手里，贫富差距也确实（可能）增加。不过，这两种自然而然的结果是好事，而不是坏事。

财团愿意付高价收购农地，是因为可以作进一步的利用以追求利润。就是因为财团唯利是图，所以能更有效（也就是更有利）地利用农地。土地流入财团的手里，就像经营电信事业的权利由中华电信流入财团手里一样，因为竞争，所以效率会提高，最后获利的还是广大消费者。

所以，关于"农地开放"的问题，农民当然不反对（当田侨仔）；民意代表为选票（和自己的荷包），当然也不反对；一般民众事不关己，也不反对。反对最厉害的，是农业部门的官员。表面上的原因，是为了"国家安全""水土保持""永续发展""生态维护"这些理由。实质上的原因，是因为开放农地之后，农业式微，预算可能减少，单位可能被裁撤。如果有人怀疑这个论点，不妨去问农业部门的官员：如果开放农地、裁撤农业部门以后，所有农业部门的人改到行政部门上班，职等加一等，薪水多两万。反对不反对？（附带一句：在我接触的政府机关里，农业部门是素质最高的单位之一。"官员不是天使"是通则，不限于农业部门的官员。）

由此可见，土地不一定要当农地，张忠谋、施振荣最好不要当农夫！政府官员不是天使，民意代表也不是（或更不是）。

# 智慧的结晶

有一次在上学校推广教育的课，教国防管理学院的学员时，碰上"成本"这个概念。因为要激发大家的思维，所以我总是把自己的立场说得极端一些。我说：人类所有的行为，都可以从"成本"的角度来分析。

台下马上有人举手表示异议，他说："有些事情不是能讲成本效益的。"我请他举一个具体的事例，他显然胸有成竹地说："作战时，为求胜利不计代价，也就是不计成本。因此，成本的概念有时而穷！"讲完之后，面有得色。能够把老师问倒，大概是无上的乐趣，不论古今中外！

当然，这不是我第一次碰上类似的问题。我反问一句：如果为求胜利不计代价，为什么日本在"二战"时要投降？刚才表示意见的同学，似乎有点愣住。我继续发挥：通常我们认为"成本"并不重要，是因为某种程度之内，我们可以不计成本。可是，一旦面临考验，有谁能够无视成本？

在自己的机关或公司里，当高级长官或大老板来巡视时，有谁是像平常一样的率性而为，甚至出言不逊——除了快退休或离职的人之外。为什么？因为率性直言的成本太大。就以作战来考虑，如果我们不幸和日本发生战争，对方射出长程飞弹，把澎湖炸为平地。我们忍辱负重，继续作战；可是，如果对方接着把高雄、台南、嘉义依次铲除。请问，在这种情形下，我们可能"为求胜利，不计代价"地继续下去吗？或者，换个角度看，其他的人会让领导人一意孤行吗？为求胜利，可以承担多少成本？值得承担多少成本？而且，胜利也不是目的，胜利带来的"好处"才是关键所在。为了那种"好处"，值得付出多少的生命和财产？

因此，"为求胜利，不计代价"这种概念，内涵非常模糊；除非想清楚这个概念的实质内涵，否则于事无补。事实上，"成本"这个概念对人行为的影响，还值得作进一步的推敲。譬如，如果我们希望海滩干净，可以在沙滩上立几个牌子：观光胜地，请勿随地丢垃圾。另外一种做法，是除了这几个牌子之外，再放上几个垃圾桶。试想，哪一种做法的效果会比较好？

答案很简单，有垃圾桶比较好。因为，有了垃圾桶，可以降低游客们做好事的"成本"。

做好事的成本愈低，自然比较容易（乐意）做好事。而且，"沙滩垃圾桶"的事例，还隐含了一种深刻的意义：买垃圾桶要花钱，按时清理垃圾桶也要花钱；所以，这种做法要付出"成本"。可是，如果没有垃圾桶，沙滩上是随手丢弃的垃圾，整个怡人的景观被破坏，大家所承担（所付出）的是另外一种"成本"。

因此，虽然买垃圾桶花钱，但是换得了干净的海滩；不买垃圾桶省钱，但是却要承受被破坏的景观。在"买垃圾桶"和"破坏景观"这两种成本之间，怎么取舍比较好呢？类似的例子俯首可得。多几位交通警察，要增加成本，但是交通秩序较好；少几位交通警察，少花点钱，但是要承担紊乱的交通秩序以及时间心力的浪费。餐厅、戏院不装防火逃生设备，可以省点钱；可是，一旦有意外发生，却要承担丧失宝贵生命的成本。对员工属下疾言厉色，好像一呼百应、无往不利；可是，却要承担没有人讲真话和阳奉阴违的成本……

我的结论很简单：虽然"成本"表现的形式可能很隐晦、很间接，可是确实无所不在。想一想，上课时照本宣科，老师可以省点力气；可是，隐含的成本又是什么呢？

台下一片安静，似乎，要弄得清楚"成本"的概念，可能也要付出可观的成本……

# 何必曰利？

　　早上助理拿了一张单据给我，是一份邮局划拨的收据。我看了一眼这份收据，不由自主地感觉到嘴角浮现一抹微笑……

　　前几天在研究室里看书时，两年前教过的一位学生推门进来。他表示报考研究所已经通过笔试，即将口试。虽然研究所没有特别要求，可是他想：如果能有我的推荐函，好像也不错。他这么一说，我马上有一种废物（被）利用的感觉——对他而言，我的介绍信好像有点食之未必有味，弃之却是可惜的味道。我不动声色，要他自己先打一份草稿给我再说。

　　两天之后，他带来拟好的草稿，我问他，为这封介绍信，他愿意付多少钱？他露出有点意外的表情，但是沉着地想了几秒钟之后，说：一千块——跟我原先猜的数字相去不远！我要他把一千块汇入任何慈善事业的账户，然后找我的助理拿介绍信。

　　早上助理拿给我的收据，就是这个言而有信的年轻人，为他的介绍信所付出的代价。他支持的对象，是"儿童暨家庭扶助基金会"。我把小小的收据钉在墙壁的软木垫上，脑海里也自然而然地有一连串的联想……

站在老师的立场，只要学生态度诚恳、认真向学，我当然很乐意帮他们写推荐函。可是，如果学生认为理所当然、可有可无，我可能就会婉转地以各种理由推辞。追根究柢，虽然师生关系里责任权利的成分很重，但是还是脱不了利弊得失（也就是成本效益）的考量——无论是老师或学生，都会选择那些对他们好处多而坏处少的行为。

其实，不仅是师生关系如此，任何人际之间的交往，都脱不了成本效益的统御。就以朋友为例，曾经有人把朋友这么定义："朋友，就是当你捅了一个窟窿的时候，那些会自动就定位、准备一起补窟窿的人！"这个定义理直气壮、义正辞严，令人发思古之幽情而心向往之。

可是，仔细想想，这个定义至少有两点值得推敲：首先，当朋友捅的窟窿小的时候，自然容易雪中送炭；可是，如果朋友闯的是杀人抢劫的大祸，自己还是义无反顾吗？其次，如果打定主意，就是愿意为朋友两肋插刀，这是对所有的朋友都如此（包括点头之交？），还是只适用于众多朋友中的极少数？

因此，朋友交情的深浅浓淡，正反映彼此交往上也含有利弊得失的斟酌。事实上，人际之间的各种关系，由形同陌路到伦常至亲，有点像是不同的账户。有的账户可能每天结算一次，有的账户可能每个月结算一次，有的账户可能很久才结算一次。可是，无论期限长短，都不可避免地要面对损益盈亏的检验。即使是父母子女之间，也挣脱不了成本效益的约束——否则为什么会有"久病床前无孝子""有奶便是娘"这些发人深省的刻画？

在更抽象的层次上，经济学（者）对人类行为和社会现象的探讨，就好像是科学家对大自然的探索一样。经过长期的研究，自然科学家归纳出一些（几乎是）放诸四海而皆准的原理通则。因此，不只是苹果会受地心引力的影响，香蕉、橘子、莲雾、芒果也会。同样的道理，经济学（者）也希望归纳出人类行为和社会现象中的一些通则。一旦掌握了这些通则，就可以一以贯之地以简驭繁。当然，也就像自然科学家一样，经济学者希望能透过掌握人类行为和社会现象的基本性质，进而谋求改善和进步之道。

而人类行为中成本效益的考量，正是经济学（者）所锤炼出的智慧结晶！

为什么土地估价师可以为土地估价收费，而老师不可以为写推荐信收费？如果写推荐信可以收费，老师们会不会写得更认真一些？

# 我划地自限，故我自由?!

选举时各候选人都全力以赴，除了大型广告牌之外，旗帜和文宣品等等应有尽有。可是，街头插满旗帜之后，一片旗海，事实上分不出彼此。文宣品泛滥之后，看的人其实不多。花了大笔的钱，效果却趋近于零。为什么大家不约法三章，不插旗帜也不发文宣品，这不是对大家都好吗？

这就好比当草原附近住了一群牧羊（牧牛、牧马）人时，每个人都会把自己的羊群带到草原上吃草。因为草原上的草有限，所以最好大家能控制羊的只数以及放牧的次数；可是，对任何一个牧羊人而言，即使自己克己复礼，别人也不见得会自我约束。

事实上，别人刚好占了便宜。因此，最后往往是每人自扫门前雪，尽可能地让自己的羊群吃得愈多愈好。人同此心，心同此理的结果，是大家都这么做。最后，草原因为过度耗费而终至枯竭，羊群和放羊人也不知去向——草原的悲剧（tragedy of the commons）于焉出现。

在历史上，草原的悲剧层出不穷，而且还不限于"草原"

而已。二十世纪初，美国西岸加州的外海有非常丰富的沙丁鱼蕴藏。科技进展使渔船吨位愈来愈大，捞捕技术的精确度愈来愈高，渔获量当然也愈来愈多。既然利润可观，当然吸引了更多的人投入捕捞的行业。在渔船数达到巅峰之后，渔获量发出警讯而开始减少。这时候，主要的渔业公司希望能彼此达成协议，订下每年渔获量的上限以及各个公司的配额。

可是，配额要怎么分配？根据船只数、吨位数还是历年来的渔获量？不论是根据哪一种指标，总会牵涉到实质的利益，也就有既得利益者和未得利益者之间的冲突。结果，配额的协议始终没有达成，而过度捞捕的结局，是渔场枯竭——加州的沙丁鱼渔业早已成为历史名词。

草原悲剧的例子反映出值得深思的关键：一方面，当人数增加之后，要解决彼此共同的问题就不再是那么容易。人数增加之后，每一个人的责任感开始减弱。这可以从两方面来看：当人数增加之后，个人行为的后果对整体来说可能微不足道；可是，对他自己来说却影响重大。当别人都去捕沙丁鱼，如果自己基于永续生存的观点自我节制，那么，对整体带来的好处不大，但自己却要承担可观的成本。

另一方面，如果自己基于本身的利害而尽可能的捕捞，那么，对整体造成的伤害并不显著，可是自己却可以明显而立即得到好处。所以，从这两方面来看，个人的责任感都会随着人数的增加而逐渐减弱，而且，随着人数的增加，这种倾向尤其会快速地增强。人多时彼此监督和约束变得很困难，所以，在每个人基于本身利益的考虑下取舍之后，很容易就出现各式各样、不一而足的"草原悲剧"。

候选人输人不输阵的现象,刚好和"草原的悲剧"形成极端的对照:每个人都付出可观的时间、心力、金钱,结果大家均蒙其害。可是,就像草原的悲剧一样,每个人基于本身利害的考虑,却不愿意(也不会)少花钱、不插旗帜,这是一种"低度均衡"(low equilibrium)——大家都倒霉,可是大家都还是这么做。

有趣的是,如果一开始大家就协议——都不要插旗帜——结果大家都好。可是,麻烦的是,没有人会接受先见之明的教诲。总要亲身经历,才能体会到低度均衡的意义。而且,一旦陷入低度均衡,还不一定容易挣脱抽身。

真可谓:事非经过不知苦,身陷泥沼脱身难!

# 连通管原理

一方面是因为身为专业的经济学者，已经在这个学科里浸淫了二三十年；另一方面是因为与自己的研究范围和方法论有关，曾经为文论述过几位诺贝尔奖得主的分析方法。因此，对于经济学的博大精深以及所隐含的智慧和兴味，我稍有体会。

可是，对于没有接触过这个学科或只修过一两门"经济学概论"之类课程的人而言，却往往对经济学有很严苛的批评。譬如，他们会嘲弄经济学脱离现实，在黑板上画出的世界里自说自话——在真实的世界里，哪里有所谓"完全竞争市场"呢？

在任何一本经济学原理里，都会探讨"市场结构"，而完全竞争市场，是最基本的结构。根据标准的定义，完全竞争市场具有下列这些特质：

一、厂商的数目众多，而且生产完全同质（一样）的产品；

二、厂商可以自由进出市场，不受阻碍；

三、对于产品的质量和价格，生产者和消费者都拥有完整的信息。

乍看之下，完全竞争市场真是天方夜谭，经济学者也真的似乎不食人间烟火。连三岁的小童都知道，巷头的臭豆腐和巷尾的臭豆腐口味不同。而且，谁又知道巷子里面包店买的菠萝面包，是用哪些材料做出来的！尤有甚者，对于这种不可思议的市场，经济学界的大师耐特——好几位诺贝尔奖得主都又敬又爱的言必称"我的老师耐特"——竟然还做引申解释：在完全竞争的市场里，等于是没有竞争！

经济学者受人调侃戏谑，真是有以致之。不过，一般经济学者也许才疏学浅、未登庙堂，对于经济学的精髓掌握有限。可是，这些诺贝尔奖得主和他们敬爱的老师，难道也都是令人不知所云的科学怪物吗？……

也许，换个角度着眼，会有不一样的体会：在美国的前五百大（一千大）企业里，竞争非常激烈。这些企业的组织规模和员工数，有的不下于一个中小型国家的政府和公务员。所以，公司总经理所面临的问题，也非常繁杂，责任既重，待遇当然非常优渥。总经理年薪超过千万美元的，比比皆是。

在激烈的竞争之下，有的企业表现不佳，董事会会撤换总经理。从年薪上千万一转眼失业，由身在云霄之上到直坠落地，际遇岂不是令人痛不欲生。其实，不然。这些位居高津的专业经理人，并不是凭空出现。在他们晋身为大企业的总经理之前，已经有十数年乃至数十年的历练。经过层层的考验，这些人已经证明自己的才华能力。所以，能得到高额的年薪，凭的是一分钱一分货的本事。因此，一旦被某个大企业所换下，往往很快会被其他的企业所争取吸收，而新职位的待遇，通常也不会和原有的相去太远。

一旦换个公司，可能产品、顾客、生产过程等等都有很大的差别；可是抽象来看，工作的性质可能一点没变：同样的企业规模、同样的营收金额、同样复杂的管理问题。因此，这于这个层级的专业经理人来说，在不同的公司工作，差别并不大——在激烈的竞争下，当市场达到稳定的状态时，不论资源（人才和物料）放在哪一个用途，都是发挥同样的功效。因此，在最竞争的情况里，几乎等于是没有竞争！

因此，完全竞争市场，虽然是经济学者的益智游戏，显然有重要的含义：当竞争力量发挥到极致时，资源的运用会呈现一种特定的状态。经济学者可以以这种状态作为参考坐标，然后分析和评估竞争力量不能完全发挥时的情形。

这么看来，耐特的名言似乎有点道理，诺贝尔奖得主们对他的礼遇有以致之，而经济学（者）也不是那么可笑和无稽吧！

# 货币的样貌

当儿子还是小小孩时，是由保姆带的；早上送到保姆家，下午再接回来。前后有两位保姆，其中一位是锤阿姨。

锤阿姨非常有爱心，总是做一大堆东西给儿子吃，希望把儿子喂胖；可惜的是，成效不彰。儿子现在上小学，我们也搬了家；不过，锤阿姨过年过节，总是送来一大包她卤的牛肉牛肚；显然，她还没有放弃她的希望。锤先生是理发师，手艺很好；两年前，在师大附近开了一家理发店，刚好离我们现在住的地方很近。

锤先生和锤阿姨一样客气；我知道如果我去理发，他一定会坚持不收钱。所以我经常路过和他打招呼，可是从来没进去理过发。不过，儿子试过附近几家理发店，都不理想；最后只好请锤先生帮忙，而他理得真好。

有趣的事倒不是理发，而是"使用者付费"的问题。内人带儿子第一次去，锤先生一句话："收什么钱！"就把内人挡了回来。第二次去，知道钱不是万能，就买了一些礼品，锤先生勉强接受。因此，以后就变成常态：内人先去买礼物，买了礼物再带小鬼去理发，理了发再把礼物送给锺先生，（说是）请他转给锺阿姨。而且，小鬼理发公订价格是新台币一百五十，内人（据她说）总是买超过这个价格的礼物——这还不包括她花在买礼物上的时间和心思。

隔一段时间，儿子的头发长了，这个程序就重来一次。对于经济学者而言，看在眼里，我觉得真是非常有趣……

想到从 1999 年元月一日起，欧洲经济共同体统一货币——欧元于是诞生。对于主要的十几个国家而言，这可是划时代的大事。根据估计，因为统一货币，可以省下的交易费用，大概是欧洲共同体年产值的 1.5%——依共同体的庞大规模，这可能是一个中等国家一整年的产值！

统一货币最大的好处，是让经济共同体内更容易进行经济活动。以前做生意时，可能要同时注意十几个国家的汇率，持有十几个国家的货币；现在一旦欧元逐渐为大众接受，就根本无须担心汇率的问题。当经济活动更容易进行，社会自然愈富裕繁荣。当然，繁荣富裕不是最终的目的；有了繁荣和富裕之后，人们就更能以繁荣富裕的条件，去追求音乐、美术、建筑、文字等等其他的价值。

在某种意义上，传统社会以伦常道德为基础的交往，就有点像是 1999 年之前的欧洲。不同的人际关系上，运用不同的货币；既然交往都隐含付出和获得，所以也都要维持个别的"账目"。可是，因为没有共同的媒介，所以必须维持很多"汇率"；而且，因为汇率之间转换困难，所以人际交往损益的衡量通常比较模糊。

当市场经济逐渐出现之后，以伦常道德为交往基础的成分降低，以金钱货币（和权利义务）为交往方式的成分增加。因此，街角小杂货店渐渐消失，取而代之的是各种便利商店。原来小杂货店的嘘寒问暖当然不见踪迹，人情味大幅降低；可是，另一方面，便利商店的服务和质量，却也有小杂货店所远远不及的地方——哪个小杂货店是二十四小时服务、全年无休的？

因此，因为以货币为媒介的交易（交往）简单明确，所以如果权利义务能以货币来计算处理，就能省下可观的时间心力。某些交往变得比较直来直往，比较没有人情味；但是，因为简洁有效，所以可以省下时间、心力、金钱。而且，这些省下的时间、心力、金钱，刚好可以用在自己最想经营或追求的目标上。人的生活，可以变得更充实丰硕。

内人和我都很喜欢锤先生和锤阿姨；不过，我们也真的希望他能理发收钱。我猜，在内人买的东西里，有很多可能是他们家根本用不上的……

# 直道而行？

　　几个月前请在政大的朋友帮忙，借了他们图书馆里的一本书。日子一久，也就忘了。前几天在电话留言里听到，书已经逾期，而朋友即将出国，他建议我把书用快递寄还图书馆，记得要附上逾期罚款，每天五元。

　　我在信封里放了五元的邮票十张，附上一张便条请图书馆的人费神处理。没想到，前几天在研究室看书，接到政大图书馆人员的电话。她表示：罚款只有二十元，但是他们只收现金，不收邮票，支票也不行。我答应另外寄上二十元的现金，她问我邮票怎么办？好问题！我说，捐给政大图书馆用好了。她谢谢我，然后挂上电话。

　　放下电话，我静静地坐了一会儿。虽然不算诡异、刺激、八卦、荒谬，不过这可是这几个星期以来，我碰上的最不可思议的一件事——为什么她（或她的同事）不掏出二十块，买下那些邮票不就得了。为了寄两个十元的硬币，我花的挂号费都不只二十块；这还不包括为了包装邮寄两个硬币所花的心思！当然，比起我坐计程车来到政大去缴二十块罚款，还是划算。

这是几天前发生的事，这几天偶尔想到，还是觉得难以置信，天下怎么会有这样的事情。不过，今天晚上跑步时，联想到另外一件事，却让我在惊异之外，开始觉得好奇……

每天早上去学校时，我常常坐出租车。由巷子口到学校，主要有两条路，大致呈不规则的"口"字；左右两条都不是直角，长度也稍有差异，右边的路线较近。有趣的是，大概每十次有八次半，出租车会走右边较近的路线；只有极少数的出租车，会绕远路走左边稍远的路线。

头一两次碰上车子往左走时，忍不住觉得有点惊异，而且会怀疑司机是不是有意绕远路。可是，司机往往都是一脸正经，不像是有二心。日子一久，再碰上往左走时，我不再讶异，但每次总是觉得好奇：明明往右走比较近，而且绝大多数的出租车司机也都选右边走，为什么有这极少数的司机会走左边。有几次，当司机开始往左走时，我真想问他理由是什么。可是，又怕引起误会，所以，这个疑问一直存在我的心里。

难道，他们真的认为左边比较近吗？

有一天，我试着为那些少数派司机的行为找理由：可能他真的认为左边的路途比较近；可能他觉得左边的路虽然稍远，但红绿灯较少；可能他认定上班时分，走左边比较不会塞车；可能在分叉点刚好碰上绿灯，所以他就走左边的路线；可能他判断左右两条路线一样近，所以无所谓……稍一思索，我发现：有很多理由，都可以解释司机为什么要往左走。而且，这些理由都言之成理，往左走的人虽然是极少数，但是不能算错。

因此，表面上看起来路线长短应该很简单、很客观的一回事，可是一旦和人的行为联结在一起，就变得十分复杂。因为每一件事有很多的面向，而每一个人所认知和着重的各不相同，所以，很可能出现盲人摸象的情形：每一个人都有自己的认知和判断，而且都相信自己的认知和判断是对的！事实上，除非有特殊机缘，能有机会接触到不同的信息，否则人没有理由和意愿去改变自己所认定的"事实"。

抽象地来看，对于外在世界，每一个人脑海里就好像有一张小地图；人会根据自己的小地图，来认知、解读他（她）所面对的世界。虽然只有一种"客观"的世界，可是却有许多不同的小地图同时并存。要区分出哪些小地图比较好或比较正确、比较对，似乎并不是一件简单的事！

我还没有想清楚这种现象所隐含的智慧是什么；不过，我打算在寄硬币给政大图书馆时，附上这篇文章。不知道会有什么样的反应……

# 站在巨人的肩膀上

前一段时间连续假期，时间比较完整，我也就兴味盎然、几乎是有点享受地看完了几本早就想看的书。其中有两本论文集，作者都是诺贝尔奖得主。一本的书名是《经济学和经济学家论文集》，作者是 1991 年得到诺贝尔奖的科斯；另一本的书名是《宪政秩序的经济（学）和伦理（学）》，作者是 1986 年得奖的布坎南。

两本书都是这两位经济学大师在得到桂冠之后编辑而成；不过，虽然两个人都是不用数学而以文字论述理念，这两本书在内容、旨趣、风格上却大相径庭。看完两书已经有一段时间，可是两者之间的种种对比却常在脑海里流连徘徊、久久不去。

科斯的书是以他在瑞典斯德哥尔摩受奖时的讲辞为首，收录了他从二十岁刚出头就成名、年过八十才得到诺贝尔奖、徜徉经济学六个多世纪的一些精华之作。全书分成两个部分，绕着书名所涵盖的主题铺陈：前半部是探讨"经济学"的意义；后半部则是刻画几位他所心仪或曾共处共事的师友。

布坎南的书收录了他在得奖之后三年所发表的论文，共有二十篇。在这些论文里，布坎南赓续他对自己手创学门（宪法经济学）的探讨；新的见解和重要的概念源源不绝而出，丝毫没有在学术生涯上放慢脚步的迹象。宗师的气魄，真是令人折服。

和目前年轻一辈经济学家动辄以连页的数学和图形论述相比，两位大师散文式的写法算是独树一帜。不过，虽然都是文字叙述，两个人说理的方式并不一样。科斯往往是以经济史上的人物作为他的起点：亚当·斯密在《国富论》里是怎么说的，马夏尔在《政治经济学原理》里又是怎么说的；然后，再以这些为基础，或者指出时下经济学者见解的谬误所在，或者提出一点他自己的补遗——经济史是科斯的脚注！

布坎南选择的，可以说是一条比较崎岖的途径。在他四十余年的学术生命里，他先由一些简单、能为一般人所接受的概念出发，然后推论出前人所未见的、新的领悟和体会。等这些新的"智慧"慢慢为其他学者所接受之后，他再以这些概念作基础，进一步推论出更深刻、层次更高的见解。这种以昨日之我启今日之我、以今日之我战昨日之我的论述方式，当然有曲高和寡的危险；不过，对于他的信徒和知音而言，却等于是和他一起成长、经历一次又一次知识上的震撼——布坎南是他自己的脚注！

两本书最大差别，或许是由书中所反映出对经济学迥然不同的态度。对科斯而言，"经济学"只是一门学科，经济学者的职责所在，就是在这个学科的领域里发掘出更具有解释力的见解。而且，在论述过程里，经济学者大可以纵横才情、自娱娱人。

影响经济政策或改变世界不是经济学的目的，也不应该是经济学者追求的目标。因此，科斯像是一位自得其乐的"艺术家"。相形之下，布坎南的态度要入世得多。对他而言，经济学虽然是一门研究人际互动的学科；可是，经济学家探讨的最终目的，是希望能增进人类对自己的了解，希望能提升人类（经济）活动的质量。经济学者就像是企业家一样，应该根据自己专业上的探讨，指引出潜在的、可以被掌握和实现的各种"改善空间"。因此，布坎南像是一位念兹在兹、舍我其谁的"传教士"！

在艺术家的科斯和传教士的布坎南之间，我还没有琢磨出自己到底比较倾心于哪一位。不过，那并不特别重要，重要的是由两位大师的论述、思想和风格里，我深切地体会到两个思考上卓尔不群、可以仰仗依托的参考点。

# 光阴的故事

在 1959 年，经济学者科斯发表了一篇论文，是关于美国联邦通信委员会（简称 FCC）一直头痛不已的问题：如何管理和分配无线电波的波段？

文章刊出之后，引起经济学界的一片错愕；因此，为了澄清自己的论点，科斯又在 1960 年发表一篇论文，提出有名的"科斯定理"。这篇论文，成为所有经济学和法学里被引用次数最多的论文。不但奠定了"法律经济学"的基础，同时也是科斯后来得到诺贝尔奖的重要原因。

虽然科斯 1960 年的论文享有尊崇神圣的地位，主要的概念其实在 1959 年的论文里已经纲举目张。撇开纯粹学理上的论对不计，科斯在这篇论文里提出的建议很具体：开放无线电电波波段的方式很简单，以"公开拍卖"的方式标售！

把财产权以投标竞价的方式公开拍卖，现在比比皆是，不足为奇。可是，在当时，政府官员和几乎所有的学者都认为是天方夜谭。因为，无线电波的波段影响层面很广，当然应该由政府来妥善管制。因此，当科斯应邀到 FCC 作证时，等他讲完自己"标售"的主张之后，会场一片死寂；主席满脸严肃地对科斯说：先生，你是不是在愚弄我们？这是不是某种形式的大笑话？科斯一脸愕然，勉勉强强出口答道：难道美国资本主义社会的市场经济是一个笑话吗？

当初科斯受人嘲弄的"笑话"，如今已是美国政府的政策。在1993年，美国通过立法，把无线电波以竞价的方式标售。而且，在不到一年的时间里，已经为国库带来二百亿美金的进账！历史的今与昔，真是令人不知如何是好。

为了纪念这个历史性的转折，1996年7月在美国加州举办了一场研讨会，主题就是"FCC和无线电波"。除了论文发表之外，主办单位也邀请"始作俑者"科斯与会。

科斯已经近九十岁，不过脑筋还是十分清楚。他的讲题是："为什么花了67年？"——从当初FCC1927年通过的管制法案，到美国政府在1994年实际采纳科斯的建议、开始标售，刚好是不多不少的67年！

科斯自己倒是泰然自处——他曾在另外一个场合表示，以他现在的年龄来看，一百年的时间不算长——他意味深长地说："67年，大概差不多就是（由建议变成政策）所需要的时间。"不过，虽然他终究享受到迟来的公义，他还是以很委婉间接的方式，透露自己的心境。他引述经济学大师奈特的话："人是理性的，但是人同时也是不理性的！"短短一句话，道尽了在象牙塔里精英的智慧和一般世俗大众的思维之间，有着一道相当辽阔的鸿沟。要让先知的慧见成为世俗大众所接纳的政策，需要67年！不过，这是在美国；在其他国家，可能要再三个67年，甚至更久。

无论如何，从科斯的这个个案里，很难作一般性的推论。不过，这个个案倒透露出一些值得注意、值得深思的信息。最明显的，当然是提醒所有象牙塔里的学者，不要希望在短时间里有立竿见影的效果。学者是从事"知识生产"的专家，但并不是"把理念变为政策"的专家。其次，由"理念"变成"政策"，必然要透过一些机制。学者教的学生，毕业后可能逐渐拥有影响力，推动老师的理念。或者，学者本身参与公听会以及当政府或民意机关的顾问。或者，政府官员保持对"知识产品"的接触，一旦时机成熟，就可以因势利导……

而且，更重要的一点，一般社会大众能体验到这些机制的重要，并且予以支持。因为，即使有这些机制，理念不一定能成为政策；可是，如果没有这些机制，理念一定不可能成为政策！

在接受诺贝尔奖时，科斯发表演说提到：从他二十余岁发表一篇重要论文后，阳光就从来没有从他身上移开过。能让这位天之骄子风光六七十年，经济学这个学科大概已经具备了一些好的机制吧！

诺贝尔经济奖的得主，当然是因为对经济学这个学科有重大的贡献而得奖。许多经济学者在得到诺贝尔奖的桂冠时，已经年高德劭、美人迟暮；有几位得主在得奖之后，开始放慢脚步，享受人生。不过，还有极少数的几位得主，在得奖之后还继续认真耕耘。而且，长远来看，他们在得奖之后的成果，可能要比得奖前的成果更为重要——道格拉斯·诺斯，无疑就是这么一位经济学家!

诺斯的专长是经济史,他把"制度"这个因素纳入经济史的分析,不但能更深入完整地阐释经济史,而且引发了经济学者对"制度"这个概念的重视。

简单地说,他认为:长期来看,制度是决定经济发展成功与否的关键因素。如果有好的制度,经济活动受到鼓励,社会就会愈来愈繁荣。如果没有好的制度,人们没有诱因从事经济活动,社会就不可能繁荣进步。

可是,诺斯后来发现,制度可以粗略地分为外在的制度和内在的制度。外在的制度像是典章法令、司法政治体系等等;内在的制度,就是社会上绝大多数人脑海里的思维模式。经过长期的思索,他认为外在的制度固然重要,可是更根本的是人内在的制度。有了好的、正确的思维方式,才会设计出好的外在制度。因此,追根究柢,最后的决定性因素还是在人。

在他的著作里,曾经先后用过"思维方式""认知架构""认知模型"这些不同的名词;但是,他的用意是"人的世界观"。也就是,人是怎么样来认知和解读他所面对的环境。

举一个简单的例子:传统上政治学者认为,政治过程的最终目的是在追寻真理和找到哲王。只要找到哲王和真理,一切歧见自然消失,这是一种世界观。可是,布坎南和塔洛克所代表的公共选择学派,却提出不同的观点。他们认为官员和民意代表并不是天使,因为这些人和一般人一样是在追求自己的福祉。因此,布坎南和塔洛克的思维模式,也就是他们的世界观,扭转了经济学者和政治学者对政治过程的认知。

事实上，根据他们的思维方式，比较能解释实际的政治现象。同样的，传统的法学思想认为：法律的功能是在实现公平正义，这也是一种世界观。可是，以科斯和波斯纳为首的经济学家从各种角度来论证：对公平正义的追求，也不能无视其代价。因此，他们是希望能以经济分析来扭转传统法学的世界观。

对于诺斯本身的思想历程来说，思维模式这个概念很重要，也是他得到诺贝尔奖之后最近几年努力的重点。可是，追根究柢，为什么诺斯这么看重人的思维模式呢？……

其实，道理很简单。如果在人的思维模式（世界观）和真实的世界之间，存在着一道鸿沟；那么，人会作出错误的判断，也会选择错误的行为。结果，耗费掉可贵的心力时间，却得不到有建设性的成果，社会也不能往前进展。譬如，如果大家都（错误地）认为有真理和哲王，显然该做的事就是去挖掘真理和找寻哲王。可是，谁挖掘的真理是真正的真理呢？谁找到的哲王又是真正的哲王呢？在无尽的争议倾轧里，可贵的生命逐渐消逝。相反的，如果在大家的思维方式里，都知道哲王和真理不存在，那么，就会在这种世界观之下，设法找出彼此和平共存之道。

诺斯的慧见确实非常可贵；可是，需要多久的时间，其他的经济学者才会接受他的看法；又需要多久的时间，社会大众才会有"正确"的思维模式？

诺斯曾说：人类的历史，不一定往前进展！

# 只是益智游戏吗？

自 1960 年开始，经济学者不约而同地伸出触角，向外扩充；凭着他们的武器（分析工具），经济学者大举进入政治、法律、社会等领域。不但在各个领域里都有璀璨的成果，而且也都产生了至少一位诺贝尔奖得主。不过，在往外扩张的发展里，成果最为丰硕的非"法律经济学"莫属。当然，这本身就引发了一个智识上有趣的问题：为什么？

由一些具体的数字，可以看出经济学和其他学科结合的成果。以经济学研究政治过程，是"公共选择"（或新政治经济学），目前，公共选择的专业期刊有3种。以经济学分析社会学，是"经济社会学"，目前，有两种专业期刊。

以经济学分析法学问题，是"法律经济学"（或法律的经济分析），目前，有 8 种专业期刊。而且，令人惊异的是，其中一种名为《最高法院经济论丛》（*Supreme Court Economic Review*），即使只针对美国最高法院所作的判决，由经济学角度所作的分析，都足以支持一份专业刊物。在学术发展史上，这是极为特殊的现象。

但是，为什么呢？

就研究方法而言，经济学有一套很严谨的分析架构：由人们的"经济"行为里，经济学者萃取出一些基本的特质，然后发展出分析人类行为的基本架构。这个架构强而有力，不只能分析人类的"经济行为"，而且可以有效地探讨人们在其他活动领域里的行为。因此，在社会科学里经济学能独领风骚，和"分析方法"上的优越性有很大的关系。

然而，如果经济学能够扩充版图的关键原因，只是分析方法高人一等，那么，经济学在政治法律社会这些领域里的成果，应该同样的辉煌灿烂才是！不过，实际情况并非如此，法律经济学绽放了最鲜艳的花朵，产生了最丰硕的果实。显然，还有其他的原因。

除了"分析方法"之外，"研究主题"是另外一个重点。就政治学而言，探讨的重点是政党、选举、权力、政府组织等等，这些主题都已经超越单独的个人，而牵涉到"人群加总"的问题。对于"加总"的问题，政治学里并没有好的分析架构，经济学也没有。同样的，就传统的社会学而言，探讨的是社区、同侪团体、宗教、社会化等等；这些主题也都是超越单独的个人，而进入"加总"的范围。对于"加总"的问题，社会学里没有好的分析架构，经济学里也没有。

相形之下，法学里千百年来所探讨的重点，就是"原告—被告"之间的冲突，对于彼此对立的两种利益，如何评估和切割。而且，法学研究者可以把自己放在原告被告的位置上，设身处地地斟酌各种考量因素。有趣的是，经济学里探讨的重点之一，就是"生产者—消费者"之间的相互关系：对于这种合则两利、分则两害、既联合又斗争的关系，要如何处理划分较好。就和法学研究者一样，经济学者也可以设身处地地站在买卖双方的立场，咀嚼各种利弊得失。因此，在研究主题上，法学和经济学探讨的都是简单、明确、具体的"一对一"关系。法律经济学的蓬勃发展，和这两个学科在研究主题上的共通性，显然有密切的关系。

不过，除了分析方法和研究主题之外，其实还有一个被忽略的因素：知识的实用性。无论是公共选择或社会经济学，甚至是经济学本身，基本上都是益智活动；这些领域的研究成果，并没有太大的实用性。可是，法律经济学的研究成果，马上能被律师、法官、法学教授所援用。因此，法律经济学这门学科的消费者，要比公共选择或社会经济学多得多。需求诱发供给，愈多的需求当然诱发愈多的供给；法律经济学的蓬勃发展，真是有以致之！

斯人也而有斯疾也！什么样的环境，就会支持什么样的（学术）活动！

# 哥哥爸爸真伟大

　　二十多年前读高三时，因缘际会和我唯一的手足（老哥）同一班；快毕业时，同窗们都在彼此的纪念册上写几句话，我也不例外。

　　记得，当时我给老哥写了一段，其中有一句是：我们的交情一向特殊，非逾非同，情是手足。有的同学看不懂，问我是什么意思，我答道："有些朋友交情好，像兄弟一样，这是情同手足；有些哥儿们交情更好，比兄弟还亲，这就是情逾手足。我和老哥没有过或不及的问题，对我俩而言，情'是'手足！"

　　最近在研究上碰到一个很根本、也很有挑战性的问题，不由得联想起成长过程中的这段点滴。我思之还不得其解的问题是：伦常关系的意义到底为何？父子兄弟之间的情谊是自然的还是人为的？

　　在一般人的观念里，父母子女和手足之间的亲情，是再自然不过了。伦常关系，几乎是与生俱来般的天经地义。质疑伦常关系，就有点像质疑太阳由东边升起、水由高处往低处流一样的荒诞无稽。可是，在人类历史上几千年以来都成立的"以农立国"，在最近一两百年里已经不再是牢不可破的铁律。因此，过去一向视为当然的一切，也许都值得与时俱进的重新检验。

由理论上来看，当婴儿出生之后，如果就交给国家的育婴机构，由政府提供有经验、完善、而且十足专业化的育婴服务。等小朋友年龄渐长，再依次由不同的机构照顾和教育，直到成人为止。在这种（极端的）情形下，父母子女之情，显然无从滋生培养。也许在刚开始，千万年来已经寄居在人类基因里的情愫，还是会发生某种作用。可是，如果这种做法持之以恒，我们所熟知的父母子女之情，事实上会逐渐消退——就像对大部分的现代人而言，已经不再具有狩猎维生的能力一样！而且，在北欧的某些国家里，已经开始有类似的做法：由政府机构提供托婴育婴的服务。时日一久，家庭这个人类社会最古老的组织，显然会有本质上的变化。

除了这种假设性的考虑之外，社会学者的相关研究，也提供了一项间接的佐证：社会学家发现，父母花在子女身上的时间，并不是由偶然因素所决定的，而是具有某种规律性。凡是预期将来会和子女长时间相处的父母，就会花比较多的时间心力在子女身上；相反的，如果因为工作或婚姻等其他因素，预计将来不会和子女有多少时间相处，就会花较少的心思气力。（就像班主任老师和代课老师的差别一样，代课老师通常没有理由教小朋友各种生活规范。）因此，由实际现象来看，父母子女之情，显然并不是天生或自然（或一成不变）的，而是受后天环境里的条件所影响。

既然在理论和实证上，都可以为伦常关系提出合情合理的解释，也许我们可以比较心平气和地来面对伦常关系：过去在农业社会里，主观和客观条件很特别，因此人们为了自身的福祉，经过长时间的发展，逐渐形成了我们现在所看到、所熟知、所视为当然的伦常关系。伦常关系是一种具有功能的"工具"，能帮助脆弱的人们趋利避祸。可是，当时空条件变化之后，原先伦常关系所发挥的作用，可能已经变化乃至消失。这时候，千百年来一成不变的伦常关系，当然也可能开始蜕变。

　　不过，洞悉伦常关系的原委之后，还可以进一步地思索其他的问题：对于每个人而言，要如何看待已经存在的伦常关系？对于正在形成或将形成的伦常关系，自己又要如何处理？

　　这么看来，情是手足的"是"字里，其实蕴含着许多的弹性和空间！

# 哥哥爸爸真伟大——之二

在社会科学里，经济学是唯一享有"科学"这种称号的学科。而且，这不只是经济学者们之间自我标榜而已——在自然科学之外，经济学是唯一设有诺贝尔奖的学科。

不过，即使经济学号称是社会科学之后，而且被认为是具有帝国主义般的霸气，这些可能只是虚名而已。根据诺贝尔奖得主科斯的看法，目前经济学者唯一能坚信不疑的，只有"需求定律"而已。而且，即使需求定律简洁明了——价格和数量呈反方向变动——可是连这一点都经常受到质疑。两位欧洲学者最近发表的一篇论文，就提出非常有趣的反证。

在以色列，托儿所育幼的时间是上午7点半到下午4点，虽然大部分的父母都准时在4点之前接走子女，可是也总有少数父母会迟到。两位学者福至心灵，针对10个托儿所进行实验：凡是迟到10分钟以上的父母，要缴罚金以币10元——在以色列，闯红灯罚以币1000元，遛狗不捡狗屎罚以币280元。

根据需求法则，价格上升，需求量会下降。因此，有了罚金之后，迟到的父母应该减少才是。可是，事实恰恰相反！更精确一些的说法是，迟到的父母几乎变成原来的两倍——价格上升，需求反而增加！

对于这种"异常"现象，两位学者提出好几种可能的解释。其中比较有说服力的，是从"规范"的角度提出分析：当迟到不罚钱时，老师们照顾孩子是额外负担，所以父母会于情于理、尽可能避免；可是，一旦有罚金，等于是把"逾时照顾"变成一种商品。既然是有价商品，当然可以视个人情况，按价购买。因此，迟到的父母增加，其实是价格机能发挥作用。

而且，由需求法则的角度着眼，价量反向变动的关系依然成立！当没有罚金时，老师们对于逾时未领的孩童，事实上没有法律责任。因此，孩童们的安危，迟到的父母必须自负其责。有了罚金之后，老师们等于是对逾时托婴收费，因此，孩童们安危的责任，已经转到老师们的身上。

也就是，在没有罚金时，迟到的父母（对子女安危）要负责任的代价高；有罚金时，迟到的父母要负责任的代价低。当代价高时，就少买一些（迟到）；当代价低时，就多买一些（迟到）——追根究柢，还是价量反向变动！由此可见，在这个事例里，货币或名目价格其实并不是焦点所在；经济学者所关切的，是名目价格所隐含的信息，以及这种信息对行为的影响。而且，既然人会受到诱因的影响，因此需求定律透露了一点重要的启示：在设计组织和制度时，不能忽视价量反向变动的铁律。例如：在机关里，当说真话的成本（价格）上升时，说真话的人会减少；在家庭里，当父母让子女亲近自己愈困难（价格愈高）时，子女愈不会亲近父母。

想得深刻一些，需求定律还意味着：当个人在为自己设定行为法则时，也值得有意地提高某些行为的价格（成本），以发挥这些行为法则的效果。譬如，对一般人而言，往往会选择由松到紧的许多规则或信念——不吃巧克力冰淇淋、不和配偶吵架、不向神明撒谎等。而且，为了使这些规则或信念发挥作用，还会搭配上相关的奖惩机制。对于愈重要的规则，当然愈希望自己能遵守而不违背；因此，就会有意无意地标出较高的价格，以降低需求量。譬如，受不住诱惑而吃巧克力冰淇淋，代价（价格）是懊恼一天；和配偶吵架，代价是悔恨一星期。价量的反向关系，依然含蕴其中。

由这些论述里，似乎反映需求定律真是无所不在，而经济学者也似乎真有自许的条件。这是不是意味着，当自许（自负？）的价格低时，就会多买些自许（自负）？

# 问情是何物？

　　每年在瑞典皇家学院公布经济学的诺贝尔奖得主之后，经济学界总会有一些例行的、仪式性的庆祝活动，活动之一，是诺贝尔奖得主的同事门生朋友们，会为文介绍这位得到桂冠的经济学家和他的学说。虽然这些文章都是应景酬酢之作，不过其中也有不少成为经典。萨缪尔森为索洛（R. Solow）所写的文章，就是其中之一。

　　萨氏本身是最早得到诺贝尔奖的经济学者之一，他不仅在经济学上的造诣登峰造极，而且文采斐然。当索洛后来得奖时，萨氏为这位麻省理工学院四十年的同事及好友写了一篇长文，除了简单介绍索洛的生平之外，主要是阐释和评述索洛在经济学上的贡献。

　　在文章快结束时，萨氏笔锋一转；他说在最后，要对自己的挚友提出一点诤言。不过，他先说了这么一段典故：

　　在丹麦历史上有一对很有名的科学家兄弟：哥哥尼尔·波耳是名物理学家，弟弟哈洛·波耳是大数学家。虽然两兄弟的性情和作风极端不同，弟弟外向而能言善辩，哥哥内向而拙于言辞，可是，两人的感情极好。有一天，弟弟哈洛向哥哥提议："让我们轮流数落对方，你批评我的不是，而我也批评你的不是，这一定很好玩。"

"噢，那我可做不到！"

"为我你都不愿意？让我高兴你不愿意吗？拜托，拜托，好不好！"

"噢，好吧！但是你先开始！"

"尼尔，你的问题是你总是口齿不清，开口说话就不知道什么时候该停。没有人知道你想说什么，连你自己都不知道。好了，现在轮到你，由你来损我。"

"我做不到。"

"但是你答应过我的，你一定要说我的坏话……"

"嗯……嗯，哈洛，你的衣领上有一截线头。"


讲完这个故事，萨氏说："如果我格外努力，也许也能指出索洛领口上的一截线头。"然后，他提出对索洛的忠告：对于年轻的经济学家，索洛往往会率直地指出他们的错误；可是，最好也能为他们指引方向，而不是只作批评。

读完萨氏的文章，波耳兄弟的手足之情、萨氏和索洛的深厚友谊以及萨氏本身文笔的细腻，实在令人心动。不过，不论是波耳兄弟或是两位诺贝尔奖得主之间的情谊，除了令人心仪和羡慕之外，还是有平凡平实，甚至可以说是脱不了利弊得失考虑的一面……

每一个人都可反身自问：如果把人际关系的疏密程度看成是一道光谱，那么由最亲密的一端到最疏离的一端之间，显然有无数多的点。而自己和别人的关系交情，大概就落在几个位置不同的点上。

最亲密的，大概是自己的配偶，然后是自己的子女，再来是父母（有人坚持"应该"是先父母后子女吗？）；然后，再远一些，是自己的手足（手足里可能还可以分出远近），自己的好友，自己的普通朋友……对于不同点上的关系，自己显然会做不同的付出，也期待不同的回应。对于子女无怨无悔地付出，自然和对多年好友不同，更和点头之交南辕北辙。相反的，由子女一颦一笑上所得到的快乐，自然又和朋友之间拔刀相助或互通有无有高下之别。因此，光谱上不同的点代表不同的距离，而不同的距离也隐含着不同的付出和取得。

事实上，区分出不同的距离，正表示这是经过了一种取舍的过程（由孝顺父母到孝顺子女？），而取舍本身，不就隐含了对利弊得失作了有意识无意识的斟酌和抉择吗？

如果萨氏和索洛是在不同的学校任教，彼此之间的交情大概也不会像波耳兄弟一般；还有，世界上兄弟之间的情谊能像波耳昆仲一般的，大概也不太多吧！

每当提起"情"这个字眼或这个话题时，我的脑海里又不由自主地联想到两个故事，一中一外……

几年前，在某一次餐叙时遇上一位非常特别的香港企业家。他白手起家，事业有成。因为雅好古玩，所以捐赠大笔金钱，先后在世界各地创设了六七座博物馆。在觥筹交错之际，有人调侃他似乎最近有点发福。企业家闻言并不以为忤，而是讲了一个故事：

有一次他带几位助手到中国内地做生意，晚上没有什么娱乐，就在街上闲逛。有天晚上，他看到有个四五岁的小男孩一直缠着爸爸，要爸爸买绿豆汤给他。绿豆汤一碗才几毛钱，可是爸爸却似乎舍不得花钱。

过了半个小时，企业家又经过原来的地方，发现小男孩正在心满意足地捧着绿豆汤喝。他走过去一看，发现所谓的绿豆汤只不过是一碗糖水，里面有几个绿豆皮而已。他觉得很惊愕，也很难过，然后暗暗发誓：回到香港以后，绝不要再有剩菜剩饭。他既然是成功的企业家，伙食自然不错，每餐不留任何饭菜的结果，是腰围日粗！

第二个故事，也是真人真事。在 1996 年的夏天，要攀登圣母峰的几支登山队都已经到达峰顶，虽然各队进展不同，但都剩下最后的一小段。谁知道，就在一个天朗气清的日子里，毫无警兆下，暴风雪突然来袭。登山队伍纷纷撤回山脚的营地，可是下山和上山一样难，有些人走避不及，被困在离峰顶不到一百二十公尺的地方，其中最著名的一位，是新西兰的登山好手罗勃·霍尔。他不但有显赫的阅历，而且是其中一支登山队的向导。

因为地形险恶，所以他就被困在峰顶正下方；其他队员试图营救他，也逼近到离他不到二百五十公尺之内。可是，风雪又急又猛，这些人只好撤退。大家都心知肚明，霍尔没有办法逃过这场凌厉的暴风雪。山脚下的队友通过卫星电话，接通他远在新西兰的太太，然后再转接给霍尔；新婚不久的太太已怀孕，即将生产。

太太要他打起精神，渡过难关；她说会帮他放好一盆热水，等他回家时可以好好洗个热水澡。在几千里外电话的另一边，他的声音逐渐转弱，他要太太"好好照顾自己，不要太担心"！——这是他最后的话语。

对于不同的人而言，这两个故事大概会激发不一样的情怀。而且，在起伏的程度上，相信也会因人而异。事实上，这也透露出"情"的一些特质……

当人们看到红绿灯时，在认知和反应上会大致相同。可是，对于同样的故事和情节，却会引发出哀伤、惆怅、同情、懊悔、无助、庆幸、悲悯等不同的感受。这表示"情"比较个人化，而且人际之间也有比较大的歧异。不过，虽然"情"很抽象特别，却也有具体世俗的一面。就像看到红灯会停下来一样，各种情怀也都有实际的功能：这一刻的哀伤或高兴，除了在这个时点上发生情绪起伏的作用之外，还会成为所累积经验的一部分，而影响到人下一步和以后的行为。

因此，各种情怀不但能帮助人处理（解决）目前所面对的问题，还会成为未来行为的基础。情，不只是情怀而已，还具有某种功能，能发挥某种作用！

对绿豆汤和小男孩感受比较深的人，可能会更坚持对市场经济和对粮食的敬重；对折翼的登山好手感受比较深的人，可能会多眷恋自己的家人一些。当然，可能也有人心如铁石，一无所动……

# 到乌托邦之路

　　拾荒老人王贯英过世，我在报纸的民意论坛发表了一篇文章，名为《多几个王贯英！？》。文中指出：王贯英自奉俭朴和抑己为公，令人尊敬；但是，我们不能期望社会上每一个人都是王贯英。因此，一方面题目之后的惊叹号，是表示希望社会上能多有几位王贯英；不过，另一方面题目后的问号是提醒我们，不能把微量的懿行无限制地扩充。

　　文章刊出后两天，有一位读者提出质疑，其中有一段是引述我的文章，再加上他自己的论点："熊教授说：'没有人告诉我们如何从目前状况过渡到乌托邦……而且一旦到达乌托邦之后，如何停在乌托邦里。'"我的答案很简单："人人都是王贯英，我们自然进入乌托邦、永留乌托邦。"

　　在台湾，抽烟斗的人不太多，卖烟斗的地方倒不少。在几个大型百货公司里，总有一个专卖男士用品的小专柜，除了皮夹、皮带、袖扣、领带夹之外，往往还摆上几支质量不一的烟斗。不过，除了这些"兼卖烟斗"的专柜之外，我知道也有几家"烟斗专卖店"。台中的那一家在几年前开张，勉强撑了一阵之后，把店面的一半租给成衣店，不知道最近情况如何。台北的"烟斗坊"在仁爱中学后面，除了烟斗烟丝之外，还有雪茄和红酒。坊主是一位女士，美丽大方。

可是，即使拜流行（和克林顿）之赐，最近雪茄和红酒的生意不恶。但因为烟斗族太少，"烟斗坊"的生意很难说得上是门庭若市。不过，坊主的先生是一位成功的建筑商，非常支持自己牵手的兴趣。因此，就算不是有利可图，烟斗坊还是继续维持。

由"卖烟斗"的事例里，可以很明确地得到两点重要的体会：首先，社会现象的出现和存在，一定有相关的条件支持。百货公司的烟斗，是由其他赚钱的商品所支持；烟斗坊的雅致，是因为坊主背后有金主（赔钱）的支持。其次，以小喻大，任何兴革的目标，必须经得起同样的检验——有没有适当的条件，支持被宣称的目标？

"人人都是王贯英，我们自然进入乌托邦，永留乌托邦"这句话，隐含了好几个推论的"盲点"。不过，主要的有两个：人人都是王贯英，是不是可能？还有，即使人人都是王贯英，是不是就自然地进入乌托邦，而且永留乌托邦？王贯英是一位非常非常特立独行的人：自己省吃俭用、粗衣粗食，把拾荒的所得买书、赠书、设图书馆。这种行谊使人想起台湾的证严法师、印度的德瑞莎修女、在非洲行医的史怀哲医生。他们都非常令人尊敬，可是，翻阅史册、举目寰宇，这种超凡入圣的人屈指可数。因此，有什么理由可以假设"人人都是王贯英"呢？支持的条件是什么？

即使人人都是王贯英——在英文里会说，这是一个很大很大的"即使"（a big if）——我们就自然会进入乌托邦永留乌托邦。为什么？在诺贝尔经济奖得主布坎南的经典之作《众论》（*The Calculus of Consent*）里，他开宗明义（语带反讽）地指出：我们并没有一套理论，能分析由天使所组成的世界。言下之意，当然是提醒一般人和经济学者，不要不切实际的遐想；天使的世界不用你我担心，还是多想想我们自己所身存的这个真实世界比较好。

我在大学里教书，同时也在学校的推广教育课程里授课，学员们通常是各级政府中层以上的主管。大学生理想性较高，学员们有社会经验，所以比较务实；大学生有浓厚的正义感，学员们却似乎有相当的挫折感。正义感和挫折感的落差，大概也就是由理想过渡到现实所留下的烙痕。在烙痕之外，对于社会现象，脑海里大概还有许许多多思之不能解的问号。可能，这都和一般人奉为圭臬的道德哲学有关。

1997 年 10 月 14 日和 15 日，波斯纳法官在哈佛法学院发表两场演讲，作为《法之路径》（*The Path of Law*）这篇重要论文出版百年的纪念。论文的作者，是美国法律史上赫赫有名的霍尔姆斯法官（Oliver Holmes）。论文本身，是重要的法律文献，对法学思想影响深远。演讲者波斯纳法官（Judge Richard Posner）著作等身，是"法律经济学"这个新兴学科的创始人之一，也是目前的掌门人。演讲的地点哈佛法学院，是美国乃至整个西方法学界的首席重镇。因此，由人事时地物来看，这两场演讲的意义非比寻常，波氏的讲题是："问题丛生的道德哲学和法学理论。"主旨是批评道德哲学的空洞，以及道德哲学对法学毫无助益。

之后，《哈佛法学评论》又请了五位有头有脸的法学学者和道德哲学家，对波氏讲辞提出批评。最后，再请波氏回应，然后，把讲辞、批评、回应一起刊登在《哈佛法学评论》上。在波氏的"回应"一开始，他就毫不客气地指明：看过五位学者的批评之后，他对自己的立场更有信心；道德哲学不但本身是空洞的，而且无济于处理法律问题。相对于道德哲学所强调的权利责任、公平正义等概念，波氏主张"务实主义"（pragmaticism），并且强调要以"社会科学"作为分析法律问题的基础。

对于任何社会问题，务实主义的立场非常清楚：以现况作为"基准点"（benchmark），然后寻求调整和改善；而不是设定崇高抽象的目标（如人人都是王贯英），然后呼吁众人向目标迈进。原因很简单，在目前这个时点上，社会之所以会处于"现况"，一定有相关的背景和配合的条件。因此，要寻求改善，必须先厘清这些彼此环环相扣、错综复杂的关系。然后，再尝试摸索出可以改善的空间，试着做一些微量式的、亦步亦趋式的调整。

而且，在分析和谋求改善的过程里，必须以社会科学为基础。因为社会现象是人的行为所汇集而成，而社会科学探讨的重点就是人的行为。所以，如果不利用社会科学的研究成果和累积的智慧来分析问题，等于是凭空想象。不但不能解释现况出现的原因、事物发展的来龙去脉，更不可能针对现况提出因应的对策。以一些口号式、教条式的宣示作为目标，除了激发一时的激情之外，几乎必然是无济于事。

举一个具体的例子：道德哲学家常常论证，奴隶制度是不对的。在所有的情况下，都不应该接受奴隶制度。对于这种论点，波氏一针见血地指明：过去战俘都是斩首，后来把战俘作为奴隶，因此，相对于被斩首这个基准点，当奴隶显然是（道德上的）一种进展。

对于这些道德哲学家，波氏更进一步地提出挑战：奴隶问题已经是历史，多谈无益；对于目前社会所面临的棘手问题，道德哲学能帮得上忙吗？譬如，同性恋已经可以合法结婚，可是他们能不能领养子女呢？还有，对于器官衰竭的病人，能不能以某种方式来"买"（移植）健康的器官？对于这些问题，除了务实的以社会科学（和自然科学、医学等）为基础、尝试摸索答案之外，道德哲学有用吗？

这么看来，想当然尔式的推论固然痛快淋漓，却经不起逻辑的考验和事实的检验。在分析社会现象时，想清楚推论的每一环节，可能比较平实一些，比较能澄清事情的原委。浪漫和激情，有济于事吗？

到地狱之路是由善意所铺成，到乌托邦之路是由彩虹所堆砌！只要会抓老鼠的猫，都是好猫；道德哲学，大概不是好猫！

# 殊途同归的道

早上经过校门口时，警卫叫住我，说我申请的大哥大已经到了。说来好笑，报章杂志上各种宣传对我都没有用，我的大哥大是请学校警卫室里的一位同仁代办的。这可引发了长久以来一直在我脑海里若隐若现的一个问题。

对于经济学者来说，消费者在买东西时会先搜集信息，然后，货比三家，再决定用什么价钱、买哪一家的货品。买冰箱、电视时如此，应征求职时如此，甚至在婚姻的市场里也是如此。

在 1961 年，诺贝尔奖得主斯蒂格勒（G. Stigler）发表的论文《信息的经济学》，不但已成为经典，而且为经济学引发了一个全新的研究领域。在他那篇开山之作里，就利用一个简单的模型，反映理性的消费者会如何作出"最适搜寻"！

虽然斯蒂格勒的分析架构简明严谨，对人的行为特质也作了合情合理甚至是无懈可击的描述（和解释）；可是，反身自问，绝大多数人的行为似乎不是这般"理性"；人往往会因为一些随机性的因素而跟着感觉走。一般人和经济学者所刻画的经济人之间，似乎有一道不小的沟壑。

事实上，这也是社会学者对经济学者的批评。在 1981 年，社会学者格兰洛维特（M.Granovetter）发表了一篇极负盛名的论文《找工作》。在这篇论文里，他探讨美国人在就业市场找工作的行为。因此，这不像是斯蒂格勒想当然尔式的理论分析，而是实际上动手动脚找资料。

经过分析，格兰洛维特发现，在找工作时，有相当高比例的美国人并不是在报纸就业栏看广告，也不是到各种就业中心或中介公司去应征。大部分想找工作的人，是通过自己认识的人——亲戚朋友同事邻居等等——知道哪里有工作、需要什么样的人。

这种发现很令人意外，因为这表示在相当程度上，人会受到自己所处环境的影响。在文章里，格兰洛维特提出"镶嵌"（embeddedness）这个概念。每一个人，都被镶嵌在一张人际网络上。一方面，人的行为会受到这张网络所隐含奖惩的限制；另一方面，人也会利用这张网络伸出自己的触角，在物竞天择的世界里汲取生存所需的养分。这种解释，显然和斯蒂格勒的描述大不相同——斯蒂格勒笔下的经济人像是一个来去自由的原子，而格兰洛维特发现的社会人却像是背上有着无数条的枷锁。斯蒂格勒和格兰洛维特之间，到底谁是谁非呢？经济学和社会学之间的高下又是如何呢？

在某种意义上，对于人的行为，格兰洛维特和社会学确实作了更细致真实的描述。相对于辽阔无际的大千世界，在自己熟悉的网络上活动当然要自在安全一些。不只找工作买大哥大如此，人结婚的对象也绝大多数是自己人际网络上所延伸的点，而不是到茫茫人海里去"搜寻"的结果。

不过，在抽象的层次上，格兰洛维特的发现和斯蒂格勒的经济理论并不冲突。在斯蒂格勒的模型里，人是在自己所处的环境里搜寻；在格兰洛维特的世界里，人其实是通过自己的人际网络来搜寻。斯蒂格勒的模型是骨架，而格兰洛维特的材料等于是提供了血肉。两者的理论不但不冲突，事实上还互补、相得益彰。

而且，在最抽象的层次上，斯蒂格勒的模型在本质上符合经济学"成本效益"的逻辑，所以有非常广泛的一般性。相形之下，格兰洛维特所提出的，基本上是一种对某种社会现象的描述，而不是具有一般性的"理论"。譬如，根据斯蒂格勒的理论，不只可以分析选民如何投票，还可以探讨候选人如何组合政见；而格兰洛维特的故事，能分析前者，却不一定能处理后者所面对的问题。

仔细想想，"镶嵌"不也是一连串成本效益考虑下的结果吗？为什么我认识法学院的警卫，而不认识医学院的警卫？

# 照我的形象造人

　　最近听到这么一个故事：周六晚上牧师在书房里来回踱步，为第二天布道用的讲稿搜索枯肠。年幼的儿子在旁边一直要爸爸陪，牧师为求脱身，就找出一张有地球图形的报纸，把地球撕成很多小块以后，要儿子去拼图。牧师心想要拼完图可要好长一段时间，这一下可以清静一阵子了。没想到，没过多久儿子就把拼好的地球捧了回来。牧师大感不解，问儿子怎么这么快。儿子满脸天真、一口童音地说：我发现碎片的另一面好像是一个人，所以我就不拼地球而拼人。我想，只要人对了，地球（世界）也就对了！牧师脑中灵光一闪，抱起儿子亲了一下，然后落座写下明天的讲题——如果人对了，整个世界就对了！（If the man is right，then the world is right！）第二天，他的布道如行云流水，空前成功。

　　当然，讲故事的人希望表达的信息，是劝人向善。当人都变成好人之后，不会为恶，社会也就自然安和乐利。可是，虽然这个故事很有趣，也很有启发性，却和现代社会科学（特别是经济学）的基本精神大相径庭。

由逻辑上来看，"人对了，世界就很美好"的想法并没有瑕疵；不过，仔细想想，这个观点其实隐含了两个层次的意义：一方面，人可以普遍地变得美好和善；另一方面，要改变人并不困难，只要经由布道家或心灵改革者的启迪感召，就可以让人变好。然而，虽然有程度上的差别，这两种假设都经不起事实的检验。

人，当然有相当的可塑性，教育不仅可以改变人的知识水平，也可以改变人的气质。可是，在绝大部分的时空里，美好和善的人是社会上的少数、而不是多数。只要问问自己，其实就很容易理解：自己首先对配偶子女父母最和善，其次是兄弟姐妹，再次是朋友同事，最后是不相干的其他人等。亲疏远近和差别待遇本身，很明确地反映了一般人的取舍。在我们认识的人里，能对自己的亲人和路人一视同仁的，不一定没有，但是显然并不多。好人好事之所以会受表扬，正是因为他们的懿行是社会中的极少数——如果大多数人都视人如己，有什么好表扬的。因此，人实际上并不是普遍的良善和悦！

而且，道德式的呼吁，也并不能有效地改变人的本性。如果经过布道家或高僧的宣扬开示，就可以使人变得和善美好的话，那么，在任何一个社会里，只要多培养几位布道家或高僧，就可以通过改造人而解决社会问题了。可是，实际情况并非如此。即使经过千百年来多少人的努力，被启迪教化的人还是非常有限。绝大多数的人，在绝大多数的时空下，是像你我一般平凡的人。要从根本上改变人，并不容易！

一旦承认人是平凡而脆弱的，问题的焦点就可以从人的身上移开，而转移到人所处的环境上。人本身并没有好坏可言，人就是人；但是，随着环境的变化，人会跟着调整自己的言行举止。因此，在一个大家都不守交通秩序的环境里，一个人比较容易随波逐流；在一个大家都不闯红灯的环境里，一个人也比较容易守法从众。关键就在于，哪些条件会促使人在行为上变得比较好或比较坏。根据这种体会，就可以进一步的思索：如果想要谋求改善，由哪些条件下手调整，比较容易改变环境。当环境变好了，人自然而然地变得比较和善美好。

如果在故事里，牧师给小男孩的报纸一面是地球，而另一面是一匹马，小男孩还是会飞快地拼完地图。不过，牧师的演讲题目会不会跟着变成："如果马对了，……？"

# 分别心

前两天接到一份学生发来的传真，里面提到最近报纸上的一则报道：有位经济学者罹患癌症，曾经接近死亡而终于脱险。回想起那段煎熬，经济学家表示：经济学强调要理性思维，平日也一直奉为圭臬；可是，在面对死亡的恐慌时，理性的思维似乎却帮不上忙。因此，理性有时而穷，现在他对经济学有一番新的领悟。

学生问我，以理性和感性来处理生活里不同的面向，是不是更圆融一些？对我来说，平时在课业上一直强调经济学的两大假设：人是"理性"的，会思索；人是"自利"的，会设法追求自己的福祉。因此，有机会接受挑战，重新思索一下自己视为当然的"命题"，当然饶有兴味。

虽然"理性"和"感性"好像是两个对立的概念，泾渭分明，不过"理性"的故事，可以从稍早的时候开始说起：在古早古早以前，在成为人（或猿）以前，人只不过是一堆血肉。为求生存繁衍，这堆血肉自然要能自求多福、能先求生理上的满足。而后，在漫长的演化过程里，这堆血肉会慢慢、慢慢地琢磨出一些趋吉避凶的能力。譬如，看到老虎狮子，知道要保持距离；遇上险谷断崖，知道要绕道而行。

能够趋吉避凶，表示人已经发展出某种能力，能够解读环境里的某些信号，能够由经验里归纳出一些"因果关系"。而人的这种思辨推理的能力，就是经济学者所强调的"理性"。可是，理性只表示人能够思辨推理，却并不表示人不会犯错。早上出门时以为会阳光普照，所以没带伞，结果却可能变成落汤鸡；开盘时买绩优股，以为晚上可以满船鱼和虾的加菜，结果却可能跌停收盘。因此，理性只表示人能思索、而且会思索，如此而已。

不过，经过长时期的演化，人的"理性"也渐渐具有某些特质。经济学者发现，人的理性，擅长于处理经常出现的情况；相形之下，对于偶尔出现的事件，就比较捉襟见肘。譬如，对于不常搭飞机的人，碰上气流起伏，往往会悚然心惊。可是，对于熟客或飞机驾驶而言，因为经常碰上，自然能平静以对。同样的，一般人偶尔碰上车祸或急症，往往张皇失措；可是对于急诊室的医生来说，却能驾轻就熟地平静因应。

而且，如果经由思索，人能理解所面对的现象、知道背后的因果关系，自然不会有惊慌、恐惧的反应。这时候，不是理性克制了其他的情绪，而是取代了其他情绪的地位，使其他的情绪变得不重要或不必要。

事实上，理性的重要程度，可能超过一般人的想象。每个人都可以自问：当自己第一次和男（女）朋友约会时，所表现的喜怒哀乐，是不是和第十次约会时不同？第一次约会，关系重大；但是，因为不了解彼此，所以谨慎应对，免得说错话表错情。第十次约会，已经有前面的基础，自然会笃定、沉稳、自然一些——因为已经有比较充分的信息，知道某些因果关系（言行举止会不会讨对方的欢心、触怒对方等等）。因此，喜怒哀乐等情绪其实也受到理性思维的影响。

也就是说，所谓理性和感性的调和，其实是由更高层次的理性来取舍。而这个更高层次的思维，会决定何时可以"换挡"——由理性程度很高的状态（面对上司或重要客户时）进入理性程度较低的状态（和家人朋友相处时）。而且，还会决定要到第几挡——保留多少程度的理性（朋友和家人显然还是有别）。

因此，既然理性和感性之间的取舍，是由更高层次的理性来统御，那么，显然值得仔细琢磨这种更高层次的理性。或许正是因为对理性有比较透彻的体会，所以经济学者会一直强调理性。不但在面对生活里经常出现的事时是如此，面对生活里不常出现的情况时更需要沉着以对。尤其是碰上生离死别的情境，惊慌愤怒似乎无济于事。如果能坦然地思索生命的各种可能性，或许反而能比较释怀地泰然处之。这么看来，经济学者不但不能放弃理性，反而要责无旁贷地下功夫，仔细阐明理性的意义。

只有当经济学者能不惑不虑的时候，或许才能更有效地助一般人一臂之力吧！

# 疏离的眷恋

当初宣布这个家庭作业时，心里多少有一点犹豫忐忑；可能有些人会觉得不吉利，

可能有些人会质疑作业和课程的相关性……家庭作业是我要求修课的同学回去以后，利用周末一个小时左右的时间，坐下来、静静地在脑海里设想：自己最亲近的人（配偶、父母、子女……）突然遭受意外丧生，这件事对自己的意义是什么？

也许是课程已经进展一段时间，大家对我有一些信心；也许是同学们已经有相当的韧性——各军种选出来的优秀军官、正值壮年；也许是其他的因素，我讲完之后，台下没有反应。下周上课时，进入新的进度，我没提作业的事，同学也没提。

谁知道，在期末的心得报告里，有这么一份令人意外的描述：

清晨七点多接到家人的电话，七十多岁高龄的父亲骑脚踏车去做晨间运动时，被计程车撞倒，伤势严重。我赶到肇事现场，看到的是扭曲变形的脚踏车和满地血迹。大姐和二姐满脸泪痕，

手足无措。很奇怪，我心里一直很平静，和警员、肇事者做完笔录，再赶到医院处理。经过几天的急救，父亲终于脱离险境。在这一片慌乱里，我镇定平稳地处理所有的大小问题。家人都很奇怪，我自己却知道为什么——因为我做了那个家庭作业，在脑海已经经历了类似的情境……

看到这份报告，我长长地嘘了一口气：一方面感到庆幸，那场意外有好的结局；另一方面觉得欣慰，自己出的家庭作业竟然发挥了一点功用。事后再想到这件事，不禁回想起当初会出那个家庭作业的转折。

几年前，因缘际会接触《金刚经》，这部经典虽然只有五千余字，可是却可以说是佛教里最重要的典籍（之一）。经文里反复铺陈的有两个核心概念，其中比较重要的是"离相无住"：各种社会现象（相）的意义，都是由人所赋予的，在不同的主客观条件下，就会赋予不同的意义。因此，既然事物原始的意义其实是空洞的，人就可以不受事物表象的牵制，在情绪上可以挣脱喜怒哀乐的起伏，而成为一如止水的平静无漪。而且，挣脱表象的羁绊（离相）之后，心情上也可以不执着于任何特定的情怀（无住）。

《金刚经》所论述的境界，就是这种凭着理智上的自我说服和心智肉体上的不断锻炼，最后所达到无牵无挂的极致。不过，虽然我对《金刚经》在智识上的精致奥妙非常折服，我也体会到一些曲折。固然，"无住"是非常令人神往的境界，可是谁来宣扬《金刚经》的意旨呢？谁来渡化众人呢？要找到有慧根又有功力的信徒，显然必须依赖某种能分出好坏高下的尺度。可是，一旦运用这些世俗的价值判断，马上又着相了。因此，在宣扬教化上，就出现了这么一种根本的矛盾——不着相、不足以渡众人；一着相，又和教义相违！

还好，我对《金刚经》的探讨，纯粹只是基于智识上的兴味。相对于其他的思想，《金刚经》离相无住的境界确实颇为高超。而且，就是因为体会到事物在意义上的相对性，所以我才会联想到那个家庭作业。如果大家能从习以为常的想法里挣脱开来，借着另外一个极端的参考点来衬托，或许能对自己的生活有新的、比较深刻的体会。

因此，家人的亲情是最紧密不过的了，可是，总也有要割舍的时刻。与其在毫无心理准备的情形下面对，为什么不在理智上先经历？"预演"过后，不但在心理上增强了韧性，而且，因为曾经"失去"，而更会珍惜目前所拥有的。

我觉得很庆幸，家庭作业没出差错。如果当初的题目是：每个人回家想一个小时，离婚的意义为何？说不定有人的答案是：离婚也没有什么不好，也说不定有人真的因此而走上离婚之路。想到这里，我开始觉得有点困扰。

# 吊古战场

第二学期一结束，整个学年也就接近尾声。考完期末考，我就动手把铺满了墙壁的软木垫上近两百张卡片取下。这些卡片，是每年教师节、圣诞节和过年时，学生和朋友们寄来的。我一边取下一张张的卡片，一边再看一次卡片里的字句，由这些字句的提醒，我脑海里又浮现了某个身影、某个场景、某一段对话或某一个课程。

有一张卡片里写道："在我上过近两百个学分的课当中，我不得不承认，您是让我印象最深的一位。上您的课让徒儿认识到经济学原来不只是黑板和理论、图形和数学，而是一门精致且实用的课目。最重要的是，徒儿从此喜欢上了经济学！……"

另外一张："说实话，因为老师与众不同的上课方式，使我梦寐以求的大学上课方式终得实现……"

看到这些话语，心里难免有一点小小的得意。不过，我也知道，再过几年，这些点滴起伏的意义将逐渐褪去。而且，几十年或几百年之后，我的研究室可能已是一片断壁残垣。想得更远一些，由亿万年的历史来看，眼前的景象，只不过是稍纵即逝的吉光片羽而已。

然而，和历史相比，人的生命虽然短暂，却也涵盖了几十寒暑。那么，对于人而言，时间的意义到底为何？时间这个因素，又隐含了哪些人生的智慧？……

对人来说，时间最基本的意义，当然意味着经验的多少。随着年龄的增长，人经历的事情愈多，所累积的"数据库"自然愈丰富。资料的贫瘠或丰饶，也就会影响人的判断。因此，对于同样的情境，初出茅庐的生手和阅尽人生百态的老手，通常会有不太一样的取舍——数据库里的蕴藏多少，是关键因素。

除了资料量的多少之外，时间对人更大的影响，其实是在人对于诸多"因果关系"的体会。年轻的时候，虽然生活经验有限，却总认为只要有满腔的公平正义，就可以义无反顾地直道而行。

年龄渐长，有比较多的机会观察到人事的兴衰递嬗，一方面更能体会到是非善恶的相对性，知道黑和白不一定是那么的截然划分；另一方面，也会亲身经历或亲眼看到人事变化上比较完整的过程，只知道好人不一定有好报、坏人不一定有恶报。而且，累积了足够的时间，也就能观察到事物演变的每一个环节。在多经过几次盛衰兴替的循环之后，心情上自然比较笃定。这是我知天命之际的体会，大概也呼应了许多人的心声。

稍微联想一下，这有点像选举对人的影响：年轻时第一次有机会投票，总是希望好人能够出头，对自己的一票，也几乎有份宗教情操式的执着。多经历几次选举，目睹不同的人在上台、台上和下台的举止，就比较能体会出兴革的可能以及限制。

因此，时间拉长和阅历增加之后，多半是少了一分激情，但是多了一分沉稳。

也许就是因为时间所造成的影响，年龄不同的人之间，总有无法完全沟通的天然障碍。对个人来说，这种差异所造成的影响毕竟有限，大不了是家庭之内的代沟和摩擦。可是，对于一个社会而言，关于公共事务的参与和决定，却必然包括了不同的年龄层。当然，各个年龄层的人，有各自的经验和见解，在许多事情上，彼此之间总会有相当的歧异。

或许，正是因为这种不可避免的歧异，使得彼此之间的交集变得更为重要。对于一个社会来说，无论年龄层如何，如果都能认定和支持某些基本价值，也许整个社会就比较能跨越时间所造成的障碍！

当我拿下最后一张卡片时，我知道今年大概还会收到许多类似的卡片。不过，我却不知道明年的此时此刻，自己会不会对时间有不一样的体会……

# 地域性的真理

    "生命无价"的概念到底成不成立？在道德哲学上，这显然是一个备受争议、众说纷纭的议题。不过，在台湾，法院却一直以"生命无价"这个概念，作为判决的根据：财产可能会过度保险（车子只值一百万，分别向五家保险公司各投保一百万，然后车子离奇"失踪"），但是生命无价，所以不会过度投保。

    结果，每隔一段时间，就会出现"金手指"或"金脚趾"的案例：有人在不同保险公司投保高额意外险，然后因"意外"而丧失手指或脚趾，再依比例得到高额赔偿。

    在 1992 年和 1995 年，美国芝加哥大学的艾尔斯特教授（J. Elster）分别出版了两本书，两本书的书名都有"地域性正义"这个名词。两本书的内容，是一连串既有趣又令人大开眼界的个案研究。

    大家都知道，看电影排队买票，是再自然不过的事。因此，碰上热门的首映电影，可能要排上好几个小时的队。不过，大家都觉得理所当然，当"稀少性"的问题出现时，总要借着某些方式来处理。排队买票是不分贫富，先到先赢。

可是，如果稀少性的资源不是戏院的座位，而是私立大学的入学许可、换肾的优先次序、员工资遣的先后等等，怎么办？"先到先买"这种方式有用吗？艾氏的这两本书，就是探讨分配"稀少性资源"的实际做法。

以公司裁员时资遣的问题为例，有很多指标都可以用来安排次序：年龄、位阶、工作年资、抚养子女数等等。诉诸"公平""正义"这些概念无济于事，因为采用任何一种或多种指标，都有一套说得出的道理。作者发现，不同的工厂因为历史性因素、产品性质、地源关系等等，会采取不同的做法。而且，即使两个条件类似的公司，也可能因为一些微小而微妙的差别，最后有不一样的取舍。因此，作者结论是：只有"地域性"的公平正义，而没有放诸四海而皆准的公平正义。

作者的结论有点令人意外，和一般人对"公平正义"的认知以及期许，有相当的距离。不过，仔细想想，"地域性正义"这个概念确实有相当的启发性：在不同人事时地物的条件下，自然会酝酿出不同的行为尺度。例如，在水源贫瘠的地区，节约用水可能不只是一种美德，而且为法律或道德所规范。相形之下，在水力丰饶的地区，用水的行为自然会和道德无关。因此，无论公平正义的内涵和表现的形式如何，重点是要能解决这个特定时空环境下的问题，并且为大家所接受！

如果"公平正义"是一种地域性的概念，"生命无价"在某种意义上显然也是如此。相对于牛奶面包、汽车电视的"有价"，生命的意义要高尚（高贵）得多。尤其是在一般人的经验里，由对父母子女亲情的眷恋中，更深切体会到生命的重要和可贵。

而且，一旦接受"生命无价"的概念，在面对一般问题时往往很容易取舍。要不要冒险开快车？要不要照顾残障智障的人？……因为脑海里浮现起"生命无价"的念头，所以很多问题迎刃而解。这种抽象的概念，发挥了"功能性"的作用。

可是，就如同"正义"是地域性的，"生命无价"也是一种地域性的概念。试问，如果"生命无价"可以无限延伸，我们都不应该坐飞机开汽车——因为飞机可能失事，开车可能会出意外。因此，"生命无价"的概念固然有其功能，但却绝不能忽略掉这种功能的潜在界限！

有地域性的公平正义，也有地域性的"真理"！

另外，有一个很有趣的例子。台湾有一位宋七力。

宋七力号称有很多"神力"，能论过去断未来，帮人解危除凶。而且，本尊在台湾，分身却可以在北京露面。信徒们对宋七力执礼周到，甚至行跪拜叩顶等庄严慎重的大礼。此外，宋七力门徒甚伙，其中不乏受过高等教育的社会精英。

宋七力以伪造相片等神迹敛财的事曝光之后，很多人觉得不可思议。为什么有这么多神智清楚的人，会被一个骗子耍得团团转。可是，事实上，社会上有许许多多、大大小小的"宋七力"，而且，每一个人（包括你我），都或多或少地在向自己的宋七力顶礼膜拜。

对于虔诚的（佛教、基督教、天主教……）教徒而言，他们会经常祷告。并且，以他们所真心信赖侍奉的佛（神、阿拉……）作为工作生活上的明灯。电视上也有好几位名"教授"，对股市或人生提出各种指引，而且也是一呼百应、蔚为风潮。还有，每一个人大概都接触或耳闻过一些奇才异能之士，他们是气功师父，或是天地眼，或是能摸骨看相，都拥有一些支持者，也都有一些言之凿凿的神功。

因此，"宋七力"只是一个代名词，因为"宋七力"是一道很宽广的光谱：从基督、释迦牟尼这些横贯古今的"大众文化"，到师父上人这些一时一地的"小众文化"，其实散布着无数多个"宋七力"！

对于你我这些信徒而言，我们需要"宋七力"，是因为"宋七力"们提供了很好的参考坐标。虽然每一个人都知道怎么买牛奶面包，因为自己的经验就足以应付。可是，对于那些超越个人经验或能力的事项，自己无从理解，不但感到困惑和彷徨，也不知道该如何因应。譬如，自己生活里的诸多苦厄，是不是冥冥中所注定？工作上的升迁或事业上的转折，自己的着力点到底何在？如果因缘际会，能得到高人或大师指点迷津，不正是大旱之盼云霓、需求遇上供给！因此，抽象地来看，"宋七力"们等于是一种"工具"：能发挥某些作用，具有功能性的内涵。

有趣的是，这些"宋七力"们究竟是真是假？如果是假的，为什么能得到一干信徒们的真诚拥戴？如果是真的，为什么绝大部分的"宋七力"只是小众文化，而不是在日积月累之下，成为举世皆然的真神和真理？

在众多的"宋七力"里，是不是至少有一部分"宋七力"、在某些情形下、确实具有某些特异功能呢？国内国外的科学研究曾经有报道：一般人以眼识字，可是极少数的人可以以"手"

识字——闭着眼睛，摸摸折叠得很紧的纸条，就可以精确地说出纸条里的字或图形。而且，也有人可以不用语言，读出别人的心思。甚至，也有隔海发功的事例——由师父在台北作法发功，由另外的师父在北京接纳感应。这些事例听起来十分有趣，不过是真是假有待进一步考证。

不过，"宋七力"们本身的神力只是故事的一（小）部分，重要的是要有一套"机制"，能够吸引信徒。早先的信徒们可能有机会亲身体验神迹；但是，后来的信徒通常是经过二手传播——因为相信那些相信"宋七力"的人，所以自己也变得相信"宋七力"。而且，经由各种仪式和互动，信徒之间会彼此支持、彼此肯定。因此，大大小小的"宋七力"逐渐形成，逐渐脱离"人"的地位，而晋身到另外一种较高的境界。

当然，有些"宋七力"可以呼风唤雨，享尽人间的尊宠；可是，即使如此，绝大部分的"宋七力"都是小众文化。原因很简单，即使是功力最高的"宋七力"，也并不是在任何情况下或任何时点上都能展现神力或发功；而且，一旦施展，也不必然百分之百成功！所以，"宋七力"们永远是"宋七力"，而不是古今中外能被人人所接纳的真神。

世界上有相对的真理，但是不一定有绝对的真理！

# 建构"市民社会"的理论基础

　在亚当·斯密的时代，只有"政治经济学"而没有"经济学"——政治力量和经济活动是密不可分的。可是，经过一百多年的发展，经济学已经成为一个独立的学科，而且傲视其他社会科学。除了普遍地被称为"社会科学之后"外，经济学也是自然科学之外、唯一设有诺贝尔奖的"科学"。

　不过，自 1960 年起，政治学和经济学又有复合的迹象。而推动学科之间整合的，是一位专攻财政学的经济学者——1986年诺贝尔经济奖得主，布坎南（J. Buchanan）。

　传统财政学所关心的重点，主要是政府的税收和支出。譬如，怎么课税比较公平，哪些支出比较有效率等等。可是，在写完博士论文之后，布坎南徜徉在图书馆智识的瀚海里，然后灵光一闪：政府的税收和支出，都是透过"政治过程"来进行。如果不探讨政治过程的特性，而只斤斤计较于政府收支的公平和效率，不过是抱残守缺。

　布坎南这么一转折，开启了一个崭新的学术领域。今天，"公共选择"（新的政治经济学）不仅是经济学里重要的领域之一，而且已经成为经济学教科书里必备的章节。公共选择的理论和专有名词，也深深地影响了传统的政治学。

虽然布坎南被誉为本世纪经济学最重要的思想家之一，理论博大精深；不过，他所强调的基本观念，其实非常平实简单……

根据传统的政治哲学，政治过程的最终目标是在"找真理"。经由辩难论对，大家终究能找到正确无误的"真理"。既然是真理，当然为众人所服膺，也就能成为处理众人之事的准则。同样的，政治过程里的选举，就是筛选出一些哲王，能带领众人追求社会的福祉，并且实现公平正义。

和找真理以及哲王相比，布坎南对政治过程的阐释很不一样。他认为，抽象来看，市场机能是一种运用资源的方式，政治过程是另外一种运用资源的方式。人们通过市场机能得到牛奶面包，通过政治过程得到国防治安；和市场机能一样，政治过程不过是运用资源的方式之一而已。人们会根据各种主客观条件，选择以哪一种方式来运用资源，而且会在不同的方式之间来去变化。譬如，医疗问题的处理，可能由私部门进入公部门，高等教育则反是。因此，政治过程只是人们运用的工具之一，和"找真理"无关。

既然政治过程不是在找真理，也就不需要把焦点放在"哲王"身上。在市场里，人们会基于自利而追求自己的福祉；在政治过程里，人们也不例外——有谁希望垃圾场放在自己的后院！

因此，无论是选民、民意代表、政府官员，都还是汲汲于自己的利益，而不是虚无缥缈的社会公益。一旦体会到"官员

227

不是天使"，就能比较平实地分析政治过程的特质，然后在这种工具和其他工具之间作适当的取舍。

对于一个民主刚起步的社会而言，布坎南的观点当然很有启发性。因为刚刚接触民主，所以许多人对民主政治有一份热情、一份憧憬。认为只要透过民主过程，就可以筛选掉"坏人"而得到"好人"；只要政府介入，就可以矫正社会的不平不义。结果，一旦现实和期望之间产生落差，往往就产生挫折怨怼的情怀。当然，这是很可惜的一种状态。

这么看来，要孕育市民社会，除了"起而行"之外，也需要"坐而言"——试着在观念上认知和体会民主政治的意义所在，而不要被不切实际的期望所羁绊！

民主政治不是在找真理，而只是在追求和平共存之道而已！

# 民主的精义

　　一般人想到民主，往往会马上联想到选举投票或是少数服从多数；可是，选举投票和少数服从多数真的足以代表"民主"这个概念吗？

　　即使在民主最发达的国家里，选举也是每隔几年才举办一次。而且，在选举时，群雄并起；最后当选的人，有时候只得到三分之一左右的选票，这当然算不上是少数服从多数。可是，这些都无损于民主的美名。那么，民主的精义到底何在？

　　由之前美国法学界热烈讨论的修宪程序，也许可以一窥端倪……

　　对于美国现行的修宪程序，耶鲁大学的宪法权威艾克曼教授（B. Ackerman）很不以为然。经过数十年的思索沉吟，他最近提出了他认为"理想的"修宪程序：第一步，任何竞选连任成功的美国总统，可以在第二任的任期里，提出宪法修正条文。第二步，总统提出宪法修正案之后，要先经过参议院和众议院两院分别表决通过。然后，第三步，在下一届及下下一届总统大选时，由全国民众复决，要连续经过两次公民复决通过，才正式成为宪法的修正条文。

这个修宪三部曲虽然繁复，而且冗长，但却寓有深意：第一任总统，可能是因为民众一时蓄积的情怀而当选，未必经得起考验。可是，如果能连任成功，表示任内政绩得到肯定，而且也能真正反映一般民众的心声。因此，只有连任成功的总统，才真正算是有足够的民意基础，可以提出影响深远的宪法修正案。

总统提案之后，当然要受到民意机关的监督，所以，由参众两院代表民意，检验和论对行政部门（总统）的提案。如果修正案能经过政党派系之间合纵连横的考验，表示修正案确实代表广泛的利益。

可是，总统和参众两院的议员们毕竟都是政客，是代表民众的"代理人"而已。而且，在行政部门和立法部门之间，还是有可能形成利益交换的共生结构。因此，在民主社会里，修正案最好还是要接受民众自己最后的评估。并且，为了避免民众狂热只是一闪即逝的情绪，在总统任满再选总统时先公民表决一次，如果通过，经过四年的间隔，热情冷却之后，再由公民复决一次。由总统当选第一任开始、到第二任、到卸任时公民投票、到四年后再次复决，已经是漫长的十二年了。如果总统所提的修正案能经得起这一连串的考验，显然符合整个社会的利益，值得成为维持长治久安基本架构的一部分。

在某种意义上，艾克曼的建议可以说只是书生之见。不过，却也具体而微地反映了在一个成熟的民主社会里，对基本游戏规则的重视以及游戏规则本身的性质：在大多数的民主社会里，都有众所支持、根深蒂固的游戏规则。这些游戏规则反映的，并不是少数服从多数，而是对"权力的节制"（restraint of power）。

因为行政部门可以指挥警察军队和情报治安单位，而这些单位所拥有的强制力是一般民众无法抗衡的，因此，当然需要节制。另外，定期改选的作用，也不在于强化权力；而是希望通过定期的检验，节制行政权力的行使和运作。因此，民主的精义所在，其实是在于"节制"——不是三千宠爱在一身，也不是朕即国家，而是以一种彼此扯后腿（美其名曰制衡）、一种不效率的方式来处理众人之事！

对一个成熟的民主社会而言，艾克曼建议要花十二年以上的时间来完成修宪程序；在新兴的民主社会里，却有很多人希望在强人的领导下，一夕之间就享有民主的鲜美果实。

两相对照之下，也许我们可以对民主有比较平实的体会和期许！

# 两小无猜"错"在哪里？

对于每天在报纸和各式媒体上出现的社会新闻，一般人往往是从道德上论断是非对错。不仅一般人如此，绝大部分的社会科学家也不例外。可是，虽然在道德上作出价值判断很重要，对于更根本的"道德"本身，却似乎很少有深入的讨论。

要阐明道德的意义，最生动有效的方式是从"诚实"这种德性着手……

关于"诚实"，一般人直觉上都认为这是一种美德；可是，稍稍多想一下，就会发现有时候"善意的谎言"也很重要——譬如，告诉自己后中年的牵手，他／她依然英俊娇美。想得再精致一些，能进一步体会到出发点的善意与否其实并不重要。譬如，卖房子时不告诉买方自己的底价。然而，这些都是表面上的斟酌，和"诚实"的本质无关。

要了解诚实的作用，可以简单明了地想象一种情况。小孩放学回家之后，爸爸问：放学后，有没有去打电动玩具？答案可能是"有"，也可能是"没有"。可是，如果爸爸在小孩放学后，就从校门口一路跟在小孩身后二十公尺，对小孩的动静了如指掌，事实上根本不需要问"有没有打电动玩具"这个问题。

就是因为不能掌握完整充分的信息，所以必须问小朋友。而且，一旦小孩提供了"有"或"没有"的信息，爸爸马上面对一个关键问题：要不要相信小朋友提供的信息？如果根据过去的经验，小朋友一向提供真确的信息（一向是诚实的），就可以根据这个特质而接受小朋友所提供的信息。如果小朋友过去曾经提供过不真确的资讯，就必须斟酌这一次小朋友所提供的信息。

因此，"诚实"这种德性，是为了解决信息不对称（小朋友知道自己有没有去打电动玩具，而爸爸不知道），所发展出来的一种"机制"。利用这种机制，可以克服交往时双方所面对的信息不对称的情况。不过，既然是机制，显然就是一种"工具"，具有功能性的内涵。

而且，不仅"诚实"这种德性是一种工具性的设计，勤劳、节俭、忠诚、友爱等等，在本质上都是一样的，都是为了满足某种需要而发展出的机制，希望能发挥某种作用。即使是手足之情、父子之情，也都含有类似的成分。譬如，对于低阶的军官和警官而言，只要年资够、经历足，就可以循序渐进地升阶晋级。可是，随着阶级愈来愈高，粥少僧多，能晋阶的机会愈来愈少。这时候，为了加官晋爵，不少高阶军官和警官就会认"干爸"和"干妈"——借着这层特殊关系，希望可以增加自己升迁的机会。（可是，为什么是干爸干妈而不是干叔干婶呢？原因很简单，干叔干婶比不上干爸干妈；即使是假的，也有亲疏之分，希望能让"人工"的关系发挥最大的功能！）

由这种"工具性"的角度，可以解读许多有趣的社会现象。

工具，是为了满足某种需要而产生的，因此，当社会的条件改变之后，原来的需要可能也随之变化，工具的重要性也自然与时俱进、今昔不同。譬如，在农业社会里，邻里之间关系密切，自然而然地会守望相助；在都会区里邻居老死不相往来，自然彼此形同陌路。同样的，在物质条件匮乏时，要强调勤劳节俭（或不得不强调勤劳节俭）；当社会富裕之后，小朋友就愈来愈不容易养成勤劳节俭的德性。这是环境条件使然，和人的质量心态无关。

需要为发明之母，槌子是一种工具，诚实（勤劳、节俭……）也是！

# 乌鸦的话

　　身为经济学家之一，当然经历过各种对经济学者的调侃和嘲讽。不过，这也反映了经济学者至少有一点贡献——可以成为众人嘲弄的笑柄。也许，不需要经济学者，这个世界也能照常运转。可是，心平气和地想想，经济学（者）难道真的一无是处吗？……

　　前一段时间有位法律系的老师问我，要怎么处理他手上的一个仲裁案：某个公有市场里有部载货电梯，里面设有特殊开关，按下之后可以直达顶楼。不知道是什么原因，有位轻度智障的小朋友进了电梯，大概是按了按钮，结果到了顶楼之后，打不开电梯门。几天之后被人发现时，小朋友已经脱水饿死。家长提出告诉，要市场（管理员）和电梯制造商负责和赔偿。

　　法律系的老师问我，由经济学的观点来看，怎么处理比较好？他知道我正在教"法律经济学"，这是由经济学者和法律学者所共同发展出来的一门新兴学科。

　　我告诉他，由经济分析的观点来看，这个案例并不困难。市场（和管理员）的责任比较明确，因为明显有疏于管理的事实。可是，虽然孩童的家长和一般人会认为电梯制造商也要负责，这种推论却不一定成立。设计制造电梯时，是基于由一般人正常使用的考虑。如果为了防范智障小朋友误触按钮这种非常特殊的意外，就更改设计，金额将非常可观。那么，即使被判要负起连带责任，制造商只会赔钱了事，而不会更改设计。下次再出意外时，再赔钱。

可是，由制造商来承担防范意外的责任，算不算是"好的判决"呢？要防范意外，最好是由最能防范意外发生的人来负起责任。也就是，谁防范意外的成本最低，就值得由谁来防范意外。基于这种考虑，显然智障小朋友的父母最清楚自己孩子的情形，能以最低的成本来防范意外。因此，我认为，孩童的父母也应当承担某种责任。

听我说完后，法律系的老师表示：他能了解我的逻辑，而且觉得有说服力。可是，在目前社会的气氛下，似乎很难作出这种仲裁。

这是几年前的事了，再想起这件事时，是最近看到台北捷运意外的消息：一个五岁左右的孩童，跟着母亲搭捷运；小孩提前下车，妈妈还在车上。结果，小孩跳下轨道追赶列车，却不幸在隧道里被另一辆捷运撞上而死。意外发生后，捷运公司先是表示，要依"搭乘大众捷运发生意外事故处理办法"之类的规定赔偿；而后，在民意代表和家属的指责抗议之下，又表示要协助家属申请政府赔偿。

小孩意外丧生，尤其是那一段追赶列车找妈妈的过程，想来令所有识与不识动容心惊。可是，除了对家属同情之外，以国家赔偿来处理这桩意外，真的是最好的方式吗？

就像电梯意外的事例一样，谁最能防范这次的捷运意外呢？带着年仅五岁的儿童坐捷运而让孩子离开身边，这是妈妈的第一个（严重）过失；发现小孩不见后，没有拉紧急的刹车装置让列车停下，这是妈妈的第二个过失。因此，孩童的妈妈是最容易防范意外发生的人，然而她显然并没有完全尽到自己的责任。因此，虽然她在良心上一定受到无比的煎熬，可是在法律上是不是也应该负起某种程度的责任？

而且，如果法律认定妈妈不需要负担责任，并且以政府赔偿来处理，是不是"可能"引发一种不当的诱因——某个心狠手辣的父母（不是指这次事故中的父母，而是报纸上社会新闻里天天有的、凌虐子女的父母）会不会得到灵感，有意无意地让自己的子女发生捷运、火车、舟船的意外？这种联想似乎残忍，但是有没有"可能"呢？

也许，经济学者的言行真的不讨人喜欢；但是，乌鸦的聒噪是不是也有某种警世预言的意味？但可悲的是，不管乌鸦多么不厌其烦地聒噪，仍然不能阻止一些悲剧的发生！

没过两天，砂石车又闯祸了！报纸上斗大的字：砂石车碾毙三人，两个家庭顿时破碎。除了描述事故发生的经过之外，报道中也提到，交通部门强调要严惩肇事司机，而且，以后要修法，凡是砂石车致人于死，司机将终身吊销执照。

如果我没记错，上一次在课堂上讨论砂石车的问题，不过是几个星期前的事。不过，看到这些报道，我一点都没有"先见之明"的喜悦；有的，只是心里一丝"不幸言中"的苍凉。

曾经有位同学举手发问：在台湾，砂石车每年总要夺走一二十条人命。人命关天，为什么政府坐视不管？

关于砂石车横行霸道的报道，我也看过一些，所以，我就试着作一点简单的分析：砂石车容易肇事，有好几个因素。为了增加载重量，所以砂石车普遍加高车斗超载；整个砂石车因为重量大幅增加，在高速行驶时就不太容易操纵。特别是刹车系统的设计，是为正常载重而设计。超载之后，刹车系统的功能降低，自然容易出意外。

不过，砂石车出意外，通常不是在都会区；在都会区里，人多车多、交通警察也多，因此砂石车有所顾忌，车速想快也快不了。相形之下，在中南部乡间，人少车少警察也少，砂石车爱开多快就开多快。因此，砂石车肇事，多半是在中南部地区，而且往往是在市区外的乡间。

既然是在乡间发生意外，受害的多半是当地民众——这些民众一方面多半没有受过太高深的教育，对司法体系的运作几乎毫无所知；另外，乡间民众的社会关系简单，能得到的支援有限。相形之下，砂石车业者等于是有恃无恐。一旦肇事，由公会代表出面协商赔偿事宜。

因为法律上定有期限，超过一定时间就不受理民事告诉。因此，业者一方面要受难者家属提出各式文件资料，另一方面拖延时间；等到期限将至，态度突然转硬，新台币六（八）十万一条人命，要不要随便。迫于情势，受难者家属往往只好委曲求全，签字和解了事。所以，虽然砂石车不断肇事，可是对于每一次受害者的家属而言，都是单独的个别事件。个别受欺蒙的经验没有办法累积，彼此的力量也无从结合；对照之下，砂石车司机背后有业者、有公会、有政商关系、有钱有势。受害者是一盘散沙，加害者是一块巨石——悲剧会不断地重复上演，真是有以致之！

而且，虽然每隔一段时间就发生一件意外，可是在意外发生时，报纸媒体上喧闹两天，然后就被其他的新闻事件取代。漫长艰辛的善后过程，是由受害人的家属和砂石车业者去承担。然后，是下一次肇事和下一次的受害者！在某种意义上，现况等于是一种生态上的平衡。

什么时候这个生态上的均衡才会被打破？哪些因素能冲击这个均衡呢？仔细想想，大概有几种可能：如果受害的人够多，即使都是乡间人士，也"可能"逐渐形成受害者联盟之类的组织，推动改革；或者，哪一次被撞的人刚好是社会上的名人或名人的眷属，因为知名度和社会关系的缘故，也"可能"触发变革；或者，基于选票的考量，民意代表或行政首长，也"可能"愿意和砂石车业者抗衡。

无论如何，这些引发变动的触媒剂都只是"可能"而已，是偶然而不是必然。而且，要砂石车业者自律自清，等于是缘木求鱼、与虎谋皮，只会自取其辱！

当然，"砂石车"只是众多类似社会现象之一而已；电梯意外、公共场所大火、餐饮食物中毒，等等，都有相同的成分。因为结构上环环相扣的关系，可以避免的意外却不断地发生。

事情发展的脉络有点令人觉得悲哀。似乎，要成为一个上轨道的文明社会，可能还要付出许多可贵的生命和资源。

# 天平的机械原理

在报章杂志的社会新闻里，经常出现令人同情的故事：一个年轻人，因为成长在破碎的家庭，所以缺少亲情，个性古怪；因为经济情况不好，又没有受过完整的教育，所以也就没有一技之长。结果，一旦经不起诱惑或怂恿，涉世未深的年轻人犯下杀人越货的重案。

在法庭里，年轻的脸庞带着无助、怨恨、困惑、惶恐的表情，其情确实可悯。可是，在量刑时，法官是不是该考虑这些背景因素，以减轻其刑？

其实，这不只是社会新闻里的剪影，而且是学理上所探讨的重要课题。在波斯纳教授的经典巨著《法律的经济分析》里，有一章专门讨论刑法；而在这一章的习题里，就有这么一题。不过，波斯纳的问法倒有点出人意料：当有人提出"其情可悯"的说辞时，法官应该加重其刑、维持不变还是减轻其刑？

初看这个问题时，可能会觉得有点奇怪：减轻其刑还有道理，为什么要加重其刑呢？可是，略加思索，也许可以稍稍体会到波氏的用心……

当有人提出其情可悯的诸多理由时，可能确实值得考虑"加重其刑"。虽然这有点违反常理，可是原因却很明确：既然贫困环境使年轻人容易步上歧途，因而犯案，造成对其他人的侵犯或伤害，那么，站在社会整体的观点，就值得加重惩罚，以儆来者。这么做等于是放出一种信号：所有情况不佳的人，必须要付出额外的努力，以求改善自己、添增自己的人力资本；否则，不但犯过要受处分，而且处分会加重。因此，加重惩罚具有宣示警惕的作用，能防患于未然。

不过，由另外的角度来看，一旦过错已经发生，对当事人而言，情况可能确实令人同情。在逆境下，一个人所能承担的责任的确有限。因此，减轻其刑不但合理，而且具有教化的功能，可以鼓励自新。

所以，当有人提出其情可悯的理由时，加重处分和减轻处分都有某种道理。既然一正一负、一加一减，孰轻孰重其实很难判断。那么，为什么不把事情单纯化：一旦犯错，就事论事地以"过错"本身作为量刑的主要依据，而无须把其他因素牵扯进来。

因此，波氏的题目，等于借着衬托对照的方式，呈现出一种很精致的思维方式。不过，除了启发思考之外，波氏的这个题目事实上有更抽象的意义。站在目前这个时点上，过错已经发生。往后看，是"善后"的问题；往前看，是"防范"的问题。善后的重点是除弊，而预防的目标是兴利。如果目标是善后除弊，当然可以（应该）针对当事人特殊情况，斟酌剪裁。可是，如果目标是预防兴利，这是对社会整体，个人的境遇不再是重点。而且，以社会整体为主时，个别的当事人还必须承担额外的责任，才能成为社会兴革演化的教材。因此，法律的两大功能——"惩罚"和"遏阻"——就反映了往后看和往前看的考虑："惩罚"是善后的补救措施，而"遏阻"则是着眼于未来长远利益的处置。

抽象来看，往前看和往后看所着重的，等于是两种不同的价值。在个别的问题上，也许会突显出善后除弊的面向；可是，站在旁观者的立场来看，对社会长远的利益而言，遏阻兴利的考虑可能更为重要。

无论如何，由波氏的这个习题里，可以体会出法律的精义所在。"惩罚"和"遏阻"代表的是两种不同的价值，在某些问题上，两种价值可能是朝同一个方向变动，这时候，轻重的拿捏可能比较简单。可是，当两种价值是呈反方向的变动时，两者之间的权衡就变得敏感微妙。好的法学研究者（或好的法官），就是能在这两者之间作出慎重稳健的裁量和取舍。

当父母处罚犯错的小朋友时，往前看显然要比往后看来得重要；当社会处分犯错的个人时，往往也是如此！

# 天平的操作方式

　　到传统市场里去买菜，一回生二回熟，而熟客和生客的待遇通常不同——老板不但在价格上有弹性，东西的质量也要好些。同样的，在超级市场或便利商店，对于购买量大的人（在某种意义上，也算是"熟客"）往往会有折扣。因此，当购买量增加时，价格通常会下降。

　　可是，为什么在法律上却是南辕北辙——累犯不但没有被减刑，反而是刑罚加重！为什么？

　　有两点值得先澄清：首先，价格和法律的关系。传统法学认为，法律的目的就是在追求公平正义；法律和"价格"八竿子打不着，而且相隔十万八千里。

　　不过，经济学者的看法可不一样：在市场里，东西贵时，人自然而然地会少买一些。同样的，如果把法律的各种罚则看成是"价格"，也可以看得出法律对人的影响。譬如，闯红灯或酒后驾车的处罚加重时，聪明的人会少"买"点闯红灯和酒后驾车。因此，经济学所发展出的"价格理论"，不仅可以分析经济问题，也可以顺理成章地分析法律问题。

其次，为什么要以市场里的"熟客"来比拟法律上的"累犯"？当然，这种类比可能有点无稽，甚至令人怀疑经济学者的智力！不过，初看之下或许荒诞不经，仔细想想，以市场里的现象为参考坐标，其实有助于认知和分析法律问题。因为，在某种意义上来说，犯罪者也是在一种抽象的"市场"里活动。

譬如，如果市场里的供给者之间竞争很激烈，那么即使少数供给者离开市场，也丝毫不会影响到市场的活络。同样的观念，贩卖毒品不需要特殊的技巧，任何人都可以胜任，因此，如果抓了几个现有的毒贩，很快就会有新的毒贩出现补上空缺。既然如此，在这种情况下抓毒贩和监禁，显然不一定是最好的或最聪明的做法。相反的，把特殊的"供给者"——像惯窃和连续杀人犯——从市场抽离，就可以有效地减少犯罪。因此，经济学所探讨的"市场"，其实可以作为研究法律问题的参考点。

澄清两个基本观点之后，可以回到累犯的问题上。如果把惩罚看成是"价格"，那么一个人第一次犯错和第二次犯错所要支付的价格不同；可是，为什么法律上要差别定价呢？

在学理上，有几点合情合理的考虑。对于第一次犯错的人，处罚（不论是罚款或监禁）会产生"烙记"效果。因此，除了处分本身之外，其他的羞耻、流言、白眼、疏离等等，对受处罚的人来说都是惩罚。可是，对于犯第二次错的人而言，烙记的效果已经大幅滑落，这时候，为了维持同样的处罚分量，就要加重处分（提高价格）。

此外，司法上可能会误判，所以对于第一次犯错的人，处分可以稍稍轻些。可是，如果再犯，误判的可能性显然大幅降低。这时候，罪有应得，处罚当然可以加重。还有，初犯的人通常技巧生涩，容易被逮到；至于累犯，熟能生巧，司法单位往往要付出更多的资源来查缉追捕。因此，当抓到累犯的概率下降时，只好加重处分以维持同样的遏阻效果。

不过，除了这几点传统智慧之外，由经济学的角度还可以再添增些许新意：当犯错的人再犯时，技术水平提升，查缉不易，因此需要动用更多的人力物力；可是，如果没有再犯，这些人力物力可以用在其他的用途上（改善交通、减少空气污染等）。

既然人力物力都是由老百姓的税收所支应，那么当一个人一犯再犯时，受害的不只是被害人，而且是社会上所有的纳税义务人。当然，一般人民不希望耗费太多的钱在累犯身上，因而排挤掉享受其他公共支出的机会。因此，加重对累犯的罚则以增加遏阻的力量，正反映了社会多数人的期望。

当"熟客"出现时，老板会在量秤上用不同的砝码；对司法女神而言，也是如此——只是重量增减的方向不同！这是天平的操作方式之一，那天平的另一种操作方式呢？

前两天带儿子逛街，问他要不要去吃麦当劳，他表示没兴趣，可是想吃另外一家连锁店的快餐。在柜台旁等时，发现柜台后工作的年轻人似乎不像麦当劳里的员工那么利落。

心里正在犹豫，他们的工资是不是比麦当劳低时，那个年轻店员手里的纸盘掉在地上。没想到他竟然捡起盘子，装了餐点，拿给顾客。如果同样的事发生在麦当劳，我相信员工一定会舍弃掉在地下的盘子！

为什么麦当劳能，其他快餐店不能？难道，能与不能都有原因吗？

美国的芝加哥大学，可以说是执世界经济学牛耳的重镇，不但造就了好几位诺贝尔经济奖得主，也培养出一批又一批杰出的经济学者。

芝加哥学派的特色之一，是对自由市场的信心：只要让市场发挥作用，竞争的力量就会汰芜存菁、良币驱逐劣币。这种立场，可以一言以蔽之地归纳为：存在，即有效率！因此，麦当劳因为待遇好（金钱上的待遇和其他工作环境、工作伙伴等条件），所以可以雇到身手最利落、能力最好的员工；其他连锁店待遇稍差，自然得到能力稍逊的员工。

而且，不只在经济活动里是如此，在政治、社会和法律等领域里，竞争的力量也会使善有善报、恶有恶报，人人各得其所。具体而言，"存在即有效率"的见解，也反映在以波斯纳为首、芝加哥法学院的法学思想上。譬如，在某些行业里，员工定时存进一笔钱，作为退休基金；可是，一旦员工被解雇，却不能提领已经累积的基金。当离职员工提出诉讼时，有些法学人士会站在公平正义的立场，为员工打抱不平。

如果容许老板扣留退休基金，不但对员工不公平，而且会形成不当的诱因：会在员工将退休时解雇员工，以减轻负荷。这种法学见解，想来言之成理；不过，波斯纳却提出不同的分析。他认为，员工们并不是傻瓜，如果哪一位老板有意如此，经过一段时间，一定恶名远播。公司或者招不到员工，或者必须以其他的条件作为招徕。而且，根据实际资料，有类似规定的厂商，并没有在员工退休前有意地解雇员工。因此，"老板黑

246

心、员工无辜"的解释并不一定成立。

从另外一个角度来看，厂商的做法很可能只是一种奖惩机制：在某些特殊的行业里，一方面是奖励：鼓励员工效忠公司，退休时有一笔可观的退休金；另一方面是惩罚：儆惕（资深）员工不得松懈，否则一旦被解雇，过去的心血将毁于一旦。因此，这是某些行业针对本身的特性，所发展出来的特殊做法，不只和公平正义无关，而且是"有效率"的。

波氏的分析不但指明事情的原委，而且提醒法律学者，不能以简单的公平正义做想当然尔式的论断。不过，波氏的分析有一个重要的前提：市场里有相当充分的信息，而且雇佣双方是处于相等的地位。

当信息充分时，"坏老板"的信息才会在市场里流通散布；当劳资双方是处于相等的地位时，才不会由占优势的一方订出有恃无恐的条款。在一个市场机能高度发展的社会里，大致上具备这些条件。因此，在某种意义上，"存在即有效率"确实成立。可是，对于市场机能正在发展、竞争力量还没有完全释放的社会而言，这些条件却未必成立——信息可能闭塞，劳资地位可能并不平等。这时候，存在未必就有效率：第三世界里许多童工在极其恶劣的条件下工作，是很好的例子。

在这种情形下，即使存在有其原因，存在不一定合理。因此，在思索法律问题时，也许就不能完全从"效率"的角度着眼，而必须同时注意到问题的其他面向。

对公平正义的追求，当然不能无视于其代价，但是，对于效率的追求，也当如此！此即天平的又一种操作方式了。

247

# 最高指导原则

　　下午坐出租车去接小朋友回家时，眼光漫无目的地看着路边向后退去的招牌。突然，"华硕证券"的大字映入眼帘。印象里，好像华硕计算机和这家证券公司正在打官司，而初审判决似乎是华硕计算机胜诉；在台湾用响叮当的"华硕"这两个字当招牌，证券公司好像有搭便车侵犯商标专利的嫌疑。

　　虽然我不太清楚相关的法条，也不明白法官裁决的依据；不过，因为自己正在研究所里教"法律经济学"这门课，我就忍不住想试着从经济分析的角度，思索一下这件官司的是非曲直。

　　我约略记得，公司法里好像这么规定：在同一行业和同一区域里，某一种商标只能为一家公司所使用。也就是，在台北市里，不能有两家西餐厅都用"星辰"这个名称，除非是连锁店。但是，在不同的行业或区域里，不同的公司却可以用同样的商标。因此，在"星辰西餐厅"的附近，可以有"星辰漫画店"和"星辰洗衣店"等等。法律上这么规定，显然是为了避免在同一个区域里，同行之间彼此混淆，对公司和顾客都不好。

　　可是，根据这种规定，"华硕计算机"和"华硕证券"是两种性质截然不同的公司，同时并存似乎并不违反法律的规定。而且，如果在"华硕计算机"叱咤风云之前，"华硕证券"就已经成立多年，就更没有理由独尊计算机而排黜其余。

然而，如果华硕证券确实成立在后，而且确实有搭华硕盛名便车的可能，那么，对于这个官司和类似的情形，如何说出一番合情合理的道理，并且能找出司法上可以依恃的准则呢？

由经济分析的角度来看，规定不同行业可以用同样的商标名称（"星辰西餐厅"和"星辰漫画店"）合情合理。因为即使是同样的名称，但是产品区隔得很清楚，所以彼此在利益上不至于有重叠或冲突的地方。即使偶尔有同名之累，涉及的利益多半微不足道，因此没有必要作特别的限制。

但是，这只是一般的情形。当某种商标具有普遍的知名度时，就需要作不同的考虑。譬如，虽然"麦当劳"只卖汉堡，但是显然不应该容许其他公司用"麦当劳西餐"或"麦当劳服饰"来混淆视听。原因其实很简单，消费者可能误认为这是麦当劳的相关企业，因而有鱼目混珠的效果。而且，利用麦当劳的知名度来卖西餐和服饰，业者就有不劳而获的可能。因此，当华硕计算机变成家喻户晓的商标之后，限制其他的公司不能再用"华硕"的名号，确实合情合理。当然，如果华硕计算机行有余力，开始涉足其他产业，自然顺理成章地可以用"华硕"的招牌——这是华硕计算机耕耘的成果，而且人们会以对华硕计算机同样的认知来期待华硕的相关产业！

因此，归纳起来，法律上显然采取了两种原则：对于一般情形，"星辰西餐厅"和"星辰漫画店"可以比邻而居；不过，对于可口可乐、麦当劳、华硕、诚品等等这些品牌，就值得限制其他人使用这些商标的权利，即使是在完全不相干的产业里。

可是，抽象来看，在这两种原则的背后，其实有一个比较抽象、层次比较高的原则：法律上的规定，最好能促使（或诱发）更多的经济活动，以增进社会的资源。而且，法律所允许或鼓励的经济活动，必须是有生产性的、对社会有正面贡献的。因此，如果允许其他人开"麦当劳西餐"，一方面有人坐享其成、不劳而获，另一方面会产生不好的示范效果。而且，对麦当劳而言，辛苦建立品牌却让别人享受果实，也会降低麦当劳本身的诱因。

其实，经济分析所揭示的最高指导原则——法律的目的，在增进社会的资源——不只适用在规范经济活动，也可以用来思索人类其他活动的戒律。仔细想想，为什么法律要惩罚剽窃、偷盗、侵占、伤害等行为呢？

# 少了先见之明的时候

　　昨天晚上去慢跑时，奉一家之主的口谕，到住家附近的洗衣店一趟，请他们把洗好的窗帘送回来。到洗衣店里报出电话号码之后，小姐查了一下计算机，然后满脸歉意地表示：窗帘洗坏了！

　　据她说，窗帘因为久经日晒，所以纤维硬化；在洗涤剂里一泡，就整个散发开来。当工厂把窗帘送回来时，会提出一份说明。我问她：洗坏了赔不赔？小姐马上脸色口气一变：因为是窗帘本身的问题，公司以正常的程序洗染，所以公司没有责任。在争执几句之后，我请她在窗帘送回来以后通知我，我想，先看看窗帘的情况再说。

　　今天下午做完功课，把衬衫拿到研究室附近的洗衣店去洗。没想到，又碰上一个类似的场面。一位衣着入时的女士，指责洗衣店把她的洋装洗坏了。旁边的架子上，就挂着一件鹅黄色的洋装外套。女士振振有词：如果是一件两三千块的衣服，也就算了。可是，这件洋装要两三万，怎么不小心一点呢？

　　我不知道自己家里的窗帘值多少钱（两三千块洗坏就算

了？），也不好意思站在旁边看热闹（虽然我很有兴趣看看双方如何论对、如何善后），所以放下衬衫、拿了单子就离开。不过，连续碰上类似的纠纷，我觉得生活真是有趣……

站在当事人的立场，我认为自己的窗帘洗坏了是一件大事；那位女士心爱昂贵的衣物受损，想必也有同样感觉。不过，虽然对一般人来说，这些偶发事件都很特别，对洗衣店来说，这些事即使不是司空见惯，也很可能是见怪不怪——都是买卖交易里极其正常的一（小）部分。既然如此，在评估这种意外事件时，就不值得站在个人的角度计较，而可以由旁观者的立场来思索：这些"正常的"意外事件意义为何，怎么处理比较好。

对于送洗衣物的人而言，比较清楚自己衣物的价值，但是不一定知道这些衣物的状态（有谁知道自己家窗帘的纤维是不是已经硬化？）；相形之下，洗衣店不一定知道衣物的价值，但是基于专业素养，会比较清楚衣物的材料和可能的后果。因此，双方都有所长，也都有所弱。最理想的情形，当然是送洗的人先声明自己衣物的价值，而洗衣店的人先提醒可能的后果。

但是，洗衣店每天要面对大概上百件的送洗衣物，因此不见得有心力时间先检查提醒；送洗的人大概也不会先有警觉。因此，双方都选择了最省事的方式进行交易——假设一切如常，各得其所。然而，可能在百分之二（或更少）的情形里，这种假设却并不成立！

所以，送洗的人没有声明，洗衣店的人也没有提醒。因此，既然双方都省了事，一旦出了问题，就值得由双方各承担一部分的责任。而且，如果要以送洗衣物的价值来赔偿，可能会有

252

以少报多、漫天要价的情形。另外，如果洗衣店完全不赔，那么洗衣店本身的过失和无心的过失也就无从区分。所以，当双方都为了省事而不未雨绸缪时，事后的补救几乎一定是某种程度上的"各打五十大板"。因此，一般习惯上，衣物洗坏时由洗衣店赔洗衣费的一至十倍，而不是以送洗衣物的价值来赔偿；由学理上来看，这种做法完全合情合理。

事实上，这种"责任分担"的做法还含有更细致的启示。如果双方不愿意接受事后（不尽完美）的善后措施，就必须在事前设法主动防范。譬如，送洗昂贵衣物时，可以先声明价值，洗衣店可能婉拒，也可能要求较高的收费，以便特别处理。我还没有问内人家里的窗帘值多少钱，我希望最好不要像那位女士的衣服一样贵。

鸡兔同笼，有鸡兔同笼的好处；要求差别待遇，就要承担差别待遇的成本！

解决这些缺少先见之明的日常事务，往往只需付出经济上的成本；那么，当少了先见之明这件事情发生在学术界呢？

被取消资格的裁判，过去的判决算不算？

这个问题很重要，是因为学术界曾经发生过一件不大不小的事。一位大学教授遭人检举，过去向研究机构申请奖助的作品都是抄自国外的硕博士论文。学校处理得很明快，要这位教授立刻辞职。不过，余波未了。

著名大学的教授涉及抄袭，令人意外。虽然我属于不同的学科，可是既然同为大学教授，也觉得亦有辱焉。（可见，《你是我的兄弟》这首歌只适合总统候选人唱；由一般人来唱，可能会惹出意想不到的麻烦！）不过，冷静地看，至少有两个问题值得仔细斟酌。也许，由后见之明里，可以从这件事中萃取出一些人生的智慧……

第一，是"溯及既往"的问题：也许是抄袭的作品真的很有水平，这位教授不但得过研究上的杰出奖，本身还因此成为评审——决定其他学者的研究成果能不能受奖助、研究计划能不能得到经费补助等等。他自己本身历年所得的奖金固然要（已经？）缴回，可是，他过去参与多次评审，在他手持生杀大权下的结果怎么办？

稍微想想，这个问题看来麻烦，其实很简单。研究机构可以成立一个临时性的调查小组，把那位教授历年来直接经手处理的案件重新过滤一次。受奖励的不处理，但是没有得到奖励或研究经费的，从宽采取补救措施。这些人等于是"受害者"，因为他们受到不合格裁判的判决：因为他的臧否置喙，有些教授可能因此而升等延后、出国受阻、受人讪笑等等。既然研究机构是聘裁判的人，情理上自然要负责善后。当然，能够弥补的必然有其极限。

比较麻烦的是第二个问题，也就是要不要把这位行为逾矩的教授诉（绳）之以法的考量。大部分人直觉的反应，会是"理当如此"！对于一般小老百姓而言，在便利商店里顺手牵羊、把一条十块钱的口香糖据为己有，就犯法；堂堂一位大学教授，把别人辛苦耕耘的东西据为己有，而且得到超过新台币百万元的利益，难道不违法？同样的，以假的统一发票兑奖触犯法条，以"假的"著作扬名立万难道可以安然无事？

虽然直觉上看，这种判断似乎合情合理；不过，稍稍深究却会发现，用法律来处理那位教授，并不一定是最恰当的做法。因为，对于研究机构而言，主要的功能之一是奖励学术研究和科技发展。因此，兴利的意义远大于（抓小偷强盗式的）防弊。如果要诉诸法律，研究机构本身的许多做法，必须改成符合法律要件、具有契约性质的程序。这种做法，不仅要耗费许多人力物力，更不可避免地会减弱了原来积极鼓励的基本精神。

更重要的，是学术活动的性质。就像市场里产品之间彼此竞争一样，学术市场里也是彼此竞争，有输有赢、有胜有负。而且，经过逐渐的酝酿演化，学术市场里会形成一种奖惩的机制，以及这个奖惩机制所烘托出的好坏高下。对于圈外人而言，不太清楚各个学术领域里的曲折；可是，对于圈内人而言，分量轻重和成就大小却划分得非常精细。事实上，学术界人士最在乎的，也正是圈内人的掌声或嘘声，而不是一般社会大众的喝彩或倒彩。

因此，对于经济活动里的剽窃抄袭，司法体系可能长于处理；可是，对于学术界里类似的行为，司法体系却不见得比得上学术界本身的奖惩机制。无论在判断的精致程度以及处分的轻重拿捏上，学术界本身的尺度通常会比司法体系来得精确稳定。所以，借着每一次的"事件"，学术界值得检讨调整本身的奖惩机制，而不是把责任推给并不相干的司法体系！

裁判当然会犯错，选裁判的过程本身当然也可能会出错。没有先见之明的时候，只好尽可能地撷取后见之明的智慧吧。

# 约法哪三章？——之一

1999 年 9 月 21 日，台湾发生了百年以来最严重的大地震，而后，当局宣布"紧急处分令"，希望以非常的措施处理非常的问题。

虽然台湾地区的立法机构以追认的方式，通过了"紧急处分令"，但是对于实质的"执行要点"，行政部门和立法部门之间却出现了相当的争议。行政部门认为，"要点"是根据"紧急处分令"而来，所以不需要送立法机构审查；立法机构里许多委员表示，"要点"具有法律的位阶和效力，当然要送立法机构审议。

到底谁是谁非，在理论和实际这两方面，显然都是很有兴味的问题。

一方面，就法律体系本身的完整性而言，"紧急处分令"和"要点"都是其中的一部分，因此，"要点"的位阶，当然最好能符合各种法律所形成的架构。"要点"里的许多规定是凌驾现行法律（譬如，不受××法××条限制），而各种法律都是由立法机构所通过，所以，既然立法机构有权审议各种法律，当然有权审议比法律位阶更高的"要点"。

不过，由另外一方面来看，"紧急处分令"的有效期限只有六个月；如果"要点"要先通过立法机构的审议以取得合法性，在时效和功能上可能会大打折扣。既然立法机构已经追认通过"紧急处分令"，等于是以"授权"的方式，赋予行政部门特殊权力。

因此，似乎没有必要再对"要点"多作计较。似乎，要审不审都有道理；不过，在学理上比较重要的，是"如何分析"这个法律问题。也就是，最后的"答案"固然值得斟酌，可是更重要的是"找答案"的思维过程。如果有好的思维方式，不只能处理这个法律问题，也能因应其他各式各样法律上的疑难……

以"执行要点"的问题为例，根据法律体系这种"正常"价值和紧急情况这种"特殊"价值来判断，显然会得出不同的答案。因此，正常价值和特殊价值就好像跷跷板的两个端点，位在中间的就是"执行要点"。哪一种价值比较重要，跷跷板的那一头就压得低一些，也就可以因而决定最后的取舍。

当然，进一步的考虑：跷跷板的哪一头比较低，就要看这一头所负荷价值的分量如何。在特殊价值的这一端，如果"紧急处分令"适用的时间短、范围小、人数不多，那么，"执行要点"所牵涉的权益有限，立法部门自然无须大费周章地加以审议。而在正常价值的这一端，如果"执行要点"所凌驾的法令，不是名不见经传的一些繁文缛节，而是涉及人民基本权利的重要法规，那么，既然重要法规都是在立法部门小心翼翼的审议下才通过，"要点"自然更需要经过民意代表的论辩检视。

因此，在观念上，"要点"要不要送立法部门审议，其实并没有明确的答案；不过，借着标示出跷跷板两端的价值以及这两端价值的轻重大小，有助于厘清问题的性质和关键所在。

当然，更重要的，是立法部门在处理"执行要点"和其他问题时，最好能逐渐形成一套稳定的价值体系。因为，无论是跷跷板两端的价值还是这两种价值的轻重高低，都必须由立法部门来辨认和评估。如果立法部门本身没有稳定的价值体系，对"执行要点"和其他问题的处理，只好诉诸赤裸裸的权力角劲；如果已经形成稳定的价值，就可以利用这套价值体系作为参考坐标，针对各种问题作平实的论对、斟酌和取舍。对于正常问题的处理固然如此，对于危机情况的处置自然也不例外。

非常时期要采取非常的措施；但是，运用非常的措施也要有运用非常措施的逻辑！

# 约法哪三章？——之二

　　在现代社会里，离婚的情形愈来愈多，两人一旦决定分手，子女归属的问题固然麻烦，财产的划分也不简单。就财产的部分而言，在法律上到底怎么处理比较妥当，是理论和实务上都很有挑战性的问题。

　　在传统的（男系）社会里，男主外女主内是常态，因为先生在外抛头露面，所以房产土地等契约，大半都是登记在先生的名下。一旦离婚，女方讨价还价的能力很薄弱，因此往往承受很大的委屈。

　　不只是在传统社会如此，即使现代工商业社会里，情况也相去不远。在大学毕业后，年轻的夫妇不容易同时继续深造，因此，大半是先生继续读研究所，而太太开始工作支持先生。等先生读完研究所，成为律师医生工程师，太太就辞职回家生儿育女。经过一段时间，先生不但有相当的社会地位，也拥有相当的财产。不过，当年共患难的牵手，可能已比不上年轻貌美的竞争者；然而，如果在这时候离婚，先生可以证明：家里大大小小的东西，都是他所赚得的。可是，这只是表象。为了先生的工作事业，太太牺牲了自己的青春和机会。而且，在家养儿育女和操持家务，也是实质的贡献。事实上，经济学家曾经估算过，妇女在家里所做各种事情的价值，平均大约是丈夫收入的百分之七十。因此，妇女对一个家庭总值的贡献，大概是 40%［0.7/（0.7+1.0）］。既然如此，离婚时双方各得财产的二分之一（50%），其实是合情合理的做法。二分之一，是有理论和实证支持的基准点。

不过，工商业社会里也出现了一些有趣的现象：超级巨富的诞生。这些超级巨富，通常是因为夫妻之一非常特别，凭借着个人的魅力或特殊才华，累积了别人无法想象的财富。而且，对于这些奇才异能之士而言，不论和谁结婚，大概结果都差不多——想想迈克尔·杰克逊和比尔·盖茨。在这些情形里，要认定另一方的贡献一定接近二分之一，似乎有些勉强。

因此，1/2–1/2 可能不再是好的基准点。这时候，可以有两种替代方案：一种是可以估量夫妻双方中"另一方"实际付出的价值；另一种是如果夫妻双方在结婚时有特殊约定，也可以特殊的约定为准。（诺贝尔奖得主罗伯特·卢卡斯离婚时，才华已露，因此，婚约里有一条：若将来卢氏在离婚若干年内得到诺贝尔奖，则太太可得一半奖金。后来，卢氏果然在离婚后获奖，夫妻两人皆大欢喜。）不过，在另外一些"超级巨富"的事例里，情形又要复杂些。如果夫妻两人之一，在开始协议离婚时买了张彩券，在完成手续后彩券开奖，中了巨额奖金（譬如五千万美元），这时候，大笔的财产和个人魅力才华都无关，双方的"贡献"其实也都微不足道。中大奖，可以说纯粹是运气，怎么办？如果婚前两人设想过这种景况，大概都会同意：不论谁买彩券，中奖的奖金两人平分！因此，在"超级巨富"的情形下，还是有可能回到 1/2–1/2 的基准点。然而，1/2–1/2 也不一定是通则。如果是太太买彩券，可能会声称（并且取得佐证资料）：过去从来没有（或很少）买彩券，就是因为要庆祝离婚，所以才买一张彩券。在这种情形下，先生大概很难反驳：自己对离婚有贡献，而离婚是买彩券的"因"，所以自己对飞来的横财有贡献，也应得二分之一的奖额！

由这种转折里，或许可以归纳出一点法学上的智慧：客观的公平正义并不存在，而特定时空下的公平正义，是由环境里的相关条件所烘托而出的！

清官难断家务事，所以更需要找到好的基准点作为参考坐标。

# 法官追求什么?

《法官追求(极大化)什么? 》(*What do judges maximize*?),这是波斯纳(R. Posner)教授 / 法官一篇论文的篇名。

在这篇论文里,波斯纳教授问的问题很简单:一般人基于自利心,会追求事业上的名或金钱上的利。可是,(美国联邦)法官是终身职,可以懒惰、粗糙、误用法条、误判、把隐私性信息透露给媒体,因为道德上的疏忽而被纠正,这些理由足以使同样享有终身职的公务员或大学教授被炒鱿鱼,却丝毫动不了法官。那么,法官何必要兢兢业业、尽忠职守?法官追求的到底是什么?

经过分析,波氏发现,法官也和常人一样,受自利心所驱使:为了写出传世的判决、同侪的掌声、律师们的尊敬,法官们会像观赏戏剧的观众一般,事不关己地观赏一出一出的戏目,然后再作出自认为最好的判决。

波氏的这篇论文并不特别有名,不算是经典;不过,波斯纳教授本身,可是法律 / 经济学界赫赫有名的大人物……

波氏于 1939 年出生,得到哈佛法学学位后,担任最高法院大法官布楠（W. Brennan）的助理。有一次布楠针对案件作出裁决，要波斯纳撰写判决理由；波氏听错指示，为相反的判决提出洋洋洒洒的分析。因为写得实在太有说服力，所以布楠和其他的大法官改变主意，签署了波斯纳（作成）的判决——这是美国历史上唯一一次，由大法官助理的意见，推翻了大法官们的裁决！

后来，波氏转到芝加哥大学任教，很快就成为讲座教授，并且在 33 岁的盛年创办著名的学术期刊：《法学论丛》。更重要的，是波氏在芝加哥接触经济学，然后开始以经济学的分析工具分析法学。波氏不但成为"法律经济学"这个新兴领域的创始人之一，而且根本地改变了传统法学的风貌。目前，波氏可以说是法律经济学这个重要领域的掌门人。

1981 年，波氏受邀担任美国联邦第七跨区法院的法官，不久升任首席法官。根据最近的一份研究报告，在美国现任的法官里，波氏是三位最有影响力（依所写判决被其他法官引用次数为准）的法官之一。此外，即使担任法官之后，他还一直在芝加哥法学院授课，而且，波氏学识极为渊博，著作又勤，他论文和著作的质量都要超过绝大多数专业的法学教授。他在1973 年出版的《法律的经济分析》，早已是经典，在 1998 年修订第五版问世。其他著作包括：《法学和文学》《性和论理》《正义的经济理论》等二十余本，在法学界和经济学界都造成很大的影响。其中，在 1995 年出版的《跨越法学》，被《纽约时报》书评选为当年全美十大好书之一。显然，波氏不只是一位好的法官、好的法律经济学者，同时是整个社会的资产。

以波氏的学养和地位，将来几乎一定会被遴选为位高权重的最高法院大法官。而且，如果诺贝尔奖再颁给"法律经济学"这个学门，波氏也很可能会得到经济学的桂冠。

不过，波氏得到的不全是掌声。他和诺贝尔奖得主科斯之间亦敌亦友的关系，众所皆知。而且，他的论述也不是毫无瑕疵。曾经，我在课堂上讨论他的名著时，法律系的研究生指出其中一个问题，我以电子邮件请益，第二天就收到波氏的回音。同学们知道学术界的大师竟然亲自为半个地球外的毛头小伙子们提出的问题解惑，都非常兴奋和感佩。

因此，虽然不是每一位法官都像波斯纳，但是他却为举世的法官们树立了极其可贵的标杆：一位法官，可以追求成为引领法学风骚的司法长城、成为在尖端学术领域里耕耘不辍的园丁、成为整个社会得以分享其智慧结晶的鸿儒、成为指引后进的明灯！

当然，法官也可以追求许多其他的东西。

图书在版编目（CIP）数据

疏离的眷恋 / 熊秉元 著 . — 北京：东方出版社，2021.01
ISBN 978-7-5207-1881-3

Ⅰ.①疏… Ⅱ.①熊… Ⅲ.①法律经济学—研究 Ⅳ.① D90-056

中国版本图书馆 CIP 数据核字（2020）第 244290 号

**疏离的眷恋**
（SHULI DE JUANLIAN）

------------------------------------------------------------

| 作　　　者：熊秉元 |
| 责任编辑：陈丽娜　吴　俊 |
| 出　　　版：东方出版社 |
| 发　　　行：人民东方出版传媒有限公司 |
| 地　　　址：北京市西城区北三环中路 6 号 |
| 邮　　　编：100120 |
| 印　　　刷：北京文昌阁彩色印刷有限责任公司 |
| 版　　　次：2021 年 1 月第 1 版 |
| 印　　　次：2021 年 1 月第 1 次印刷 |
| 开　　　本：880 毫米 ×1230 毫米　1/32 |
| 印　　　张：8.5 |
| 字　　　数：176 千字 |
| 书　　　号：ISBN 978-7-5207-1881-3 |
| 定　　　价：56.00 元 |
| 发行电话：（010）85924662　85924644　85924641 |

------------------------------------------------------------